李之仪及其诗词创作研究

韩华 著

西北民族大学中国语言文学学科建设文库

中国社会科学出版社

图书在版编目(CIP)数据

李之仪及其诗词创作研究/韩华著. —北京：中国社会科学出版社，
2013.10

ISBN 978 - 7 - 5161 - 2954 - 8

Ⅰ.①李… Ⅱ.①韩… Ⅲ.①李之仪(1038～1117)—诗词研究
Ⅳ.①I207.2

中国版本图书馆 CIP 数据核字(2013)第 155853 号

出 版 人	赵剑英	
选题策划	陈肖静	
责任编辑	陈肖静	
责任校对	韩天炜	
责任印制	戴 宽	

出 版	中国社会科学出版社	
社 址	北京鼓楼西大街甲 158 号（邮编 100720）	
网 址	http://www.csspw.cn	
	中文域名:中国社科网	010 - 64070619
发 行 部	010 - 84083685	
门 市 部	010 - 84029450	
经 销	新华书店及其他书店	

印 刷	北京君升印刷有限公司	
装 订	廊坊市广阳区广增装订厂	
版 次	2013 年 10 月第 1 版	
印 次	2013 年 10 月第 1 次印刷	

开 本	710×1000 1/16	
印 张	12.25	
插 页	2	
字 数	206 千字	
定 价	38.00 元	

凡购买中国社会科学出版社图书，如有质量问题请与本社联系调换
电话:010 - 64009791

目　录

第一章　李之仪事略

第一节　李之仪生平经历概况

1. 李之仪生卒年及家世背景

李之仪，字端叔，自号姑溪居士。其生年据曾枣庄先生《李之仪年谱》①考证在 1048 年，其卒年据邓子勉考证在 1127 年②，活了八十岁，本书从其考。李之仪的父亲叫李颀，"蹭蹬禄仕，敝车羸马"（《姑溪居士妻胡氏文柔墓志铭》），可知仕宦并不显达。其母田氏，沈括为她写了《长寿县君田氏墓志铭》（《长兴集》卷二九），从中可知她也是山东人，"以其亲者事其姑，漱刓洗涤必身任之"，"其治家甚严，事至于无所欺"，贤惠孝顺，勤俭持家。

2. 李之仪的籍贯

《姑溪居士前集》卷五十《李氏归葬记》云："李氏世葬沧州无棣。自先祖出仕，从于楚州，即卜以葬。"由此可知，李之仪祖籍，为沧州无棣（今山东无棣），从祖父起迁居楚州（今江苏淮安），李之仪长大成人、求学、结婚均在楚州。张耒是李之仪的同乡和甥辈，他在《送李端叔赴定州序》中就记载说："某为儿时，从先人于州学宫，始见端叔为诸生。"（《送李端叔赴定州序》卷四

---

① 曾枣庄：《李之仪年谱》，《宋代文化研究》第 4 辑，四川大学出版社 1994 年版。
② 《文教资料》1998 年第 1 期。

十）李之仪在宋朝那样一个重文重科举的时代，又生于一个仕宦家庭，从小就自然地走上了苦读诗书，通过科举登第仕进的人生道路。

3. 李之仪的妻室

李之仪的妻子叫胡淑修，字文柔。据《姑溪居士妻胡氏文柔墓志铭》记载，胡文柔是常州晋陵著姓大族人家的小姐，富有才学。其中写道："嘉祐中，尝从其祖母入内廷，见于柔仪殿，中宫拊之曰：'是乃胡氏有学能文之女乎？'后因上元节，御宣德门观灯，命妇皆在侍，又顾胡夫人曰：'能文之女何不来？'文柔适在后，遂呼出而赐冠帔。"可见，胡文柔的才学在当时的贵族社会早已闻名了。另外《墓志铭》中还说："上自六经司马氏，更及诸纂集，多所终识。于佛书则终一大藏。作小诗歌词禅颂，皆有师法。而尤精于算数。沈括存中，余少相师友，间有疑志，必邀余质于文柔。屡叹曰：'得为男子，吾益友也。'"可见胡氏才学之博赡，沈括是北宋著名的科学家，遇到疑难尚要"质于文柔"，胡文柔算学也是极为高妙的。

这样一个有才学的女子，也并非刻板之人，她还相当机敏，有智谋，《墓志铭》中记载范纯仁病重，自知不起，传门生李之仪于榻前，口授遗表，李之仪笔录，并呈报皇帝。范纯仁去世后，李之仪又写了一篇"行状"歌颂范纯仁生前行迹及其功德，《范纯仁传》言，纯仁长子范正平曾因事得罪蔡京，"及（蔡）当国，乃言正平矫撰父遗表，又谓李之仪所述《纯仁行状》，妄载中使蔡克明传二圣虚仁之意。遂以正平逮之仪、克明，同诸御史府"。李之仪就这样因文字而得罪，被抓捕在监狱里。而《范纯仁遗表》被认为是"矫撰"，胡文柔听说范纯仁生前曾"手创表稿，偶寄于姻家"，如果得到此份"表稿"，自然可以驳倒蔡京"矫撰遗表"的诬陷。胡文柔未敢惊动"姻家"，而是重金买通其家佣人，然后径直入室，开箱取稿，得到了这份"表稿"。这个证据惊动了朝廷，虽未完全为李之仪脱罪，但有力地回击了诬陷之词。

胡氏还贤淑持家，《墓志铭》说她亲自缝纫衣服，抚育小姑直至嫁人，对公婆十分孝顺，待婆母如自己的亲母亲，曾衣不解带地服侍公公，观婆母遗像便潸然泪下，料理公婆的丧事；在李之仪俸禄不足时，"能使不足为有"，巧妙安排用度，"谨甘旨，均有无，脱粟不自厌，而门内无闲言"。

她还得到了苏轼的信赖和尊重。《墓志铭》记载："比通家，则子瞻命其子妇尊事之。常以至言妙道属其子妇，持以论难，呼为法喜上人。子瞻既贬，手自制衣袄，曰：我一女子，得是等人知我，我复何憾？"苏轼在《答李端叔》中赞道："叔静云：端叔一生坎坷，晚节益牢落。正赖鱼轩（夫人的代称）贤德，能委屈相顺，适以忘百忧。此岂细事？不尔，人生岂复有佳味乎？"（《苏轼文集》卷五二）

李之仪与胡文柔"四十年伉俪"，甘苦与共。胡氏去世，李之仪饱含深情地写了《墓志铭》，说："且复所履历，皆人所不能堪，亦人人之所甚难，又多缘我而致，加之闺门之外，或不及遍知，苟非亲为直书其事，则九原之下，所深负矣，辄揽涕而铭之，尚恨有所不尽也。"

王明清《挥麈后录》卷六李端叔条目说："郡娼杨姝，色艺见称于黄山谷诗词中，端叔丧偶无嗣，老益无聊，因遂蓄杨于家。已而生子。"杨姝乃是当涂的歌伎，在胡文柔去世后，李之仪纳杨姝为妾。大观四年李之仪写的《李氏归葬记》（见《文集》卷五〇），说自己有幼子尧光四岁，则尧光即生于大观元年（1007），亦即李之仪原妻卒后两年，为杨姝所生。由《李氏归葬记》知大观二年、大观四年杨姝又生有二女。

4. 李之仪的仕途及生涯

A. 早期为官

李之仪在二十多岁及第后，便开始了他的仕宦生涯，总览其仕途，其实并不如意，而且颇为坎坷。李之仪及第后入官四明，四明罢官后，经某太守举荐任万全县令。元丰六年，高丽王卒，杨景略为祭奠使，辟李之仪为书状官，出使高丽。

B. 元祐年间在京阶段

元祐年中，由于神宗崩，哲宗即位，高太后听政，苏轼等人皆被起用，元祐元年至三年，苏轼均在京城，元祐四年三月苏轼出知杭州，元祐七年苏轼还朝，元祐八年九月苏轼出知定州。苏轼在元祐元年与黄庭坚在汴京会面，二人虽是初次见面，但书信往来已经多年。随后与秦观、陈师道、晁补之、张耒、李廌交游唱和，为一时之盛况。而此时李之仪正在京为枢密院编修。《东都事略·李之仪传》曰："少力学，举进士，元祐中为枢密院编修官。"正是在这一阶段，李之仪成为苏轼文人集团的一员，虽不在四学士和六君子之列，但也和苏轼等人交游甚密，曾与苏轼等十六人集驸马王诜西园，旧题米芾《西园雅集图记》曰："捉椅而视者为李端叔。"苏轼有诗《夜直玉堂，携李之仪端叔诗百余篇，读至夜半，书其后》，也是这一时期写的。

C. 入苏轼定州幕府

元祐八年（1093），支持旧党的高太后去世，哲宗亲政，旧党均被贬谪，苏轼出守定州，邀李之仪佐幕，四十五岁的李之仪入苏轼定州幕府，次年，苏轼因语涉讥讪，贬官岭南。

张耒《送李端叔赴定州序》云："今朝廷士大夫相与称说天下士，屈指不一二，必曰吾端叔也。元祐八年，苏先生守定武，士愿从行者半朝廷，然皆不敢有请于先生，而苏先生一日言于朝，请以端叔佐幕府。苏先生之位，未能进退天下士，故用子如此，然其意可知也。"（《张耒集》卷四八）秦观《送李端叔从辟中山》诗云："端叔天下士，淹留蹇无成，去从中山辟，良亦慰平生。"（《淮海集》卷四）李之仪《跋戚氏》云："元祐末，东坡老人自礼部尚书，以端明殿学士加翰林院侍读学士为定州安抚使。开府延辟，多取其气类，

故之仪以门生从辟。"（卷三八）

苏轼在定州任职仅为半年，但在定州的生活给李之仪留下了难忘的回忆。李之仪的《跋戚氏》云："（苏轼与幕僚）五人者，每辨色会于公厅，领所事竟，按前所约之地，穷日力尽欢而罢。或夜则以晓角动为期。方从容醉笑间，多令官伎随意歌于坐侧，各因其谱，即席赋咏。"

绍圣元年（1094）四月，苏轼一月内接到三通贬谪之令，最后被贬到惠州。已知时运不济，前途未卜，故将所藏书画分送友人。苏轼《次韵李端叔谢送牛戬〈鸳鸯竹石图〉》当作于临别之时，诗中可见二人情谊，"闻君谈西戎，废食忘早晚。王师本不陈，贼垒何足划。守边在得士，此语要而简。知君论将口，似予识画眼。笑指尘壁间，此是老牛戬。平生师卫玠，非意尝集甲作常理遣。愿君定何人，未用市朝显。置之勿复道，世俗固多舛。归去亦何须，单车度骰渑。如虫得羽化，已脱安用茧。家书空万轴，凉暴困舒卷。念当扫长物，闭息默自暖。此画聊付君，幽处得小展。新诗勿纵笔，群吠惊邑犬。时来未可知，妙斲待轮扁"。

D. 范纯仁遗表事件

离开苏轼定州幕府后，李之仪曾任原州通判，元符二年（1099）因曾入苏轼幕府而罢官，这是李之仪第一次被贬，据《续资治通鉴长编》卷五百一十一载，元符二年（1099），"权殿中侍御史石豫言：'监内香药库李之仪，因苏轼知定州荐辟管勾机宜文字，之仪既为奸人心腹之党，岂可更居此职，欲令有司放罢。'"次年，哲宗去世，徽宗即位，徽宗为调和新旧两党的矛盾，招任一批被贬谪的旧党，李之仪亦在其中，被命提举河东常平。

徽宗建中靖国元年（1101）正月二日，范仲淹次子范纯仁卒。卒前数日，呼诸子于前，口占遗表，"命门生李之仪次第之"。李之仪又为范纯仁作《行状》，歌颂其生平事迹。

李之仪代范纯仁写的这篇《代范忠宣公遗表》，曾传诵一时，

"伏望皇帝陛下清心寡欲，约己便民……深绝朋党之论，详察邪正之归。搜抉幽隐，以尽人材；屏斥奇巧，以厚风俗。爱惜生灵，而无轻议边事；包容狂直，而毋易逐言官。若宣仁之诬谤未明，致保佑之忧勤不显。皆权臣务快其私忿，非泰陵实谓之当然……"（《姑溪居士前集》卷一三）徽宗亦以范纯仁忠言恳挚，奖誉有加，谥"忠宣"，并赐墓碑之额曰"世济忠直"。

但《遗表》中"若宣仁之诬谤未明，致保佑之忧勤不显；本权臣务快其私忿，非泰陵实谓之当然"等句则刺痛了蔡京等新党当权者，于是在范纯仁去世后他们把私愤发泄在了范正平、李之仪的身上。

《东都事略·范纯仁传》云："纯仁口占遗表，命其门人李之仪次第之。纯仁既卒，蔡京用事，小人附会，言纯仁遗表，子正平与李之仪撰造，以为非纯仁意。正平与之仪皆下御史狱。"他们诬陷李之仪与范纯仁的儿子范正平合伙撰造《遗表》来辱骂新党，因此制造了一起文字狱。《范纯仁传》言，纯仁长子范正平曾因事得罪蔡京，"及（蔡）当国，乃言正平矫撰父遗表，又谓李之仪所述《纯仁行状》，妄载中使蔡克明传二圣虚伫之意。遂以正平逮之仪、克明，同诸御史府"。蔡京是捏造罪名来打击异己，假公言以泄私愤。

崇宁元年（1102）七月，蔡京为尚书右仆射兼中书侍郎，上任次日即焚元祐法。八月，诏司马光、苏轼、范纯仁等人子弟，"并毋得官京师"。九月，立元祐奸党碑，苏轼、范纯仁、李之仪等均在列。十二月，禁元祐学术。臣僚上言，范纯仁谥"忠宣"未当，诏："定议、复议官各罚铜，其神道碑令颖昌府毁磨。"又次年，蔡京乃罗织罪名，逮范正平、李之仪入狱。

据《宋史·李之仪传》："徽宗初，提举河东常平。坐为范纯仁遗表，作行状，编管太平。"狱解后，李之仪编管太平（即今当涂），这是李之仪第二次贬官。李之仪作《柏台自述》四首，有云"谁谓纯诚无感格，会逢公议报私仇"，或即刺蔡京。

E. 编管太平州的生活

李之仪出狱，编管太平。时当溽暑，举家南徙。《胡氏墓志铭》载："余既南迁，文柔相迎于御史府，顾余泣且喜曰：'囹圄中何所不有，而君乃丰悦过于常时，岂不以之介然耶？我当与君俱贬所，未必恶也。'遂同涉闤阓，止旅邸，其修途所次，具已集矣。或曰，陆趋良劳，又方庚伏中，且久雨，奈何？遂附运粮空舟以行。而舟敝，上不能蔽，果大霆至，加雨衣相拥覆，兼昼夜者六七……"

太平州故治在今安徽当涂县城。之仪至太平，居姑熟。因家临姑溪，乃自号"姑溪居士"。

李之仪自出仕后，官职就一直不高，这次，李之仪又因撰写范纯仁遗表、行状，得罪了蔡京，被逮捕入御史台监狱，遭遇了与苏轼性质相同的文字狱，受到编管太平州的处罚。在短短六七年间，李之仪竟遭受了三次仕途挫折，两次牢狱之灾，这与苏轼相比，甚至有过之而无不及。此次受贬谪罢官，乃至于要"永不起用"，惩罚是很严重的。此时李之仪已经五十五岁，作《次韵渊明归去来兮词》（《后集》卷一三）："归去来兮，吾其老矣何时归？悟枭鹤之长短，鉴断续之哀悲。怅野马之过隙，虽绝足而宁追。予行年五十有五，盖知五十四年之非。"

到了当涂后，李之仪可以说是祸不单行，第一年便丧子妇。第二年病悴，涉暑徂夏，劣然脱死。第三年妻亡，子女相继见舍。第四年年初，则癣疮被体，已而寒疾为苦（《与祝提举无党启》）。真是祸不单行。

罢官时的李之仪，心理是复杂的，他在《罢官后稍谢宾客十绝》云："过从顿谢懒尤添，倦卧终朝不卷帘。晚饭都无官米气，始知身已是苍黔。"总共十首，初写了被罢官的不适应，后又对自己劝慰。李之仪《又谢仲辉启》（卷一五）叙其谪居当涂："自触骇机，上蒙恩贷。迁之善地，假以余生。方逮系之初，骇闻中外；及既行之后，孰不嗟叹！方辞缧绁之艰，遽览溪山之胜。实畴昔愿到而不可得，岂羁累所在而辄见投？"

《与赵仲强兄弟手简》（卷二五）："衰暮沦落，如在井中。奄奄未绝，时于缺甃间望见青天白日，心知其然，而无一援之而出者！……十年漂泊，亲戚朋友号畴昔之厚者，或近在咫尺，或便道吾庐，尺纸之不通，与来略叙寒温，既见而不情之语如涌至，掉臂而不顾者，往往而然！"

李之仪诗《次韵王性之见寄佳句》中云："白首何堪堕牛李。"杂感《书牛李丰》曰："使德裕不以前日为念，而一心所事，唐祚固未艾也。"《得琏老庄僧书》云："本无去来强萦缚，亦非颠倒随倾挤。"

可见其谪居当涂的复杂心理，有不适应，自己从仕途中就此退出，成为一介平民百姓，而且"永不起用"；有庆幸，逃脱牢狱之灾，来到这样一个风景秀丽，人杰地灵的地方；可是现实残酷，自己年纪已大，又面临生计问题，而又无一援手。同时他又深感自己无辜做了党争的牺牲品。

李之仪有"十年采石寄漂蓬"（《访采石臻山主不遇》卷九）之语，那么他闲居姑溪的时间长达十年左右。其《跋山谷二词》中又说"比迁金陵又二年"之言（卷三九），则李之仪晚年一度迁居金陵。据《送郑颖叔入京序》："予得罪，居太平。既归，道金陵，乐其江山风物而不能去，因家焉。间以事来太平，久之，遂有生游死葬之意。邂逅贵溪郑君颖叔，为州学教授，时得一接语，则魁然若不可得而同，渊然若不可得而测。徙家焉，乃屡从之游。而予所舍，适在天宁寺侧，颖叔投闲多过其地。"由此可知，李之仪编管太平住了几年后，安家在金陵，之后又回到太平居住，《胡氏文柔墓志铭》中说："今得卜于太平州当涂县藏云山之致雨峰下，遂迁先人先妣以葬，而以文柔从葬。"那么他后来把先人坟也迁居在当涂，而他自己也葬在此地。

崇宁三年（1104），李之仪五十六岁。这一年，重立元祐党人碑，入籍者达三百零九人，李之仪亦在其中。崇宁四年（1105），其五十七岁，这一年二月，妻胡文柔病故。五月，宣布解除党人父兄子弟之禁。七月徽宗手诏："应上书奏疏见羁管编管人，可特与放还乡里，仍令三省量轻重，具名立法闻奏。"九月，大赦天下。诏："元祐奸党，久责遐裔；用示至仁，稍从内徙。应岭南移荆湖，荆湖移江淮，江淮移近地，唯不得至四辅几甸。"李之仪也应该在量移之列。

崇宁五年（1106），这一年正月，毁元祐党人碑。宋徽宗下诏："应元祐及元符未系籍人等，迁谪累年，已定惩戒，可复仕籍，许其自新。"李之仪在这个时候获官职为玉局观提举，有诗题为"再领玉局。昔东坡翰林作诗送戴蒙，有'玉局他年第几人'之句。后自岭外归，遂领玉局。予复官亦得之，坡今亡矣。怅然有怀"（苏轼元符三年（1100）复朝奉郎，提举成都玉局观）。李之仪《李氏归葬记》作于大观四年（1110），后署"朝奉大夫管句成都尉李之仪谨记"，那么复官即受此职。但是《姑溪集》中未见其去成都的记载，大概这只是一种虚衔，而无实际的职能。

政和三年（1113）李之仪又因杨姝事除名，这是李之仪第三次贬官。《宋会要辑稿》职官六八载："（政和三年）九月二十六日管勾成都府玉局观李之仪除名勒停。……其之仪子令随母，已补假将仕郎补牒追夺毁抹。淮东提刑司勘到之仪与杨姝逾滥及信凭杨姝所生男为己子增岁乞补。"《挥麈后录》记云："已而生子，遇郊禋受延赏。会蔡元长再相，（郭）功父知元长之恶端叔也，乃訹豪民吉生者讼于朝，谓冒以其子受荫，置鞫受诬，又坐削籍，亦略见《徽宗实录》。杨姝者亦被决。"

《挥麈后录》又载："久之，其甥林彦振摅执政，门人吴可思道用事于时相，予讼其冤，方获昭雪，尽还其官与子。"林摅为其姊夫林邵之子，字彦振，曾任中书侍郎，《宋史》有传。吴可字思道，是李之仪的门生。《宋会要辑稿》说:"政和六年(1116)遇赦复官,再领成都玉局观。"①"再领"二字,说明冤讼昭雪后,官复原职了。

李之仪十余年间闲居在姑溪和金陵,过着居士的生活,人生转向了另一个境界,或许也是因祸得福。他流连于水光山色、名胜古迹,并与当地僧人、雅士交往。为了生计,家中还种了田地。而这些生活的经历与体会,又自然表现在他的诗文创作中。

交朋会友,时有欣遇。他曾会周邦彦、贺铸。《张氏壁记》:"崇宁四年立春日,会(张)德夫西轩。风回日暖,日转窗明,竹影动摇,梅花凌练。德夫烧御香,觉夫点团茶,听美成弹《屐霜操》。相顾超然,似非人间。"《跋小重山词》:"右六诗托长短句,寄小重山。是谱不传久矣。张先子野始从梨园乐工花日新度之,然卒无其词。异时秦观少游谓其诗有琴中韵,将谓予写其欲言者,竟亦不逮。崇宁四年冬,予遇故人贺铸方回,遂传两阕。宛转绅绎,能到人所不到处。从而和者凡五六篇,独得游酢定甫一篇,并予所继者次第之。"

有乐事可以吟咏。《杂咏》:"人间所乐宁过此,一事都无有俸钱。更向丰年观割稻,须知身是地行仙。""老呼稚舞报丰年,极目黄云欲际天。旋捣新粳供晚饭,只愁闲梦搅安眠。"有时也难免苦情,《庄上书事》:"住础犹蒸湿未休,悬知雨意未全收。只忧场上芽生稻,不厌田间水拍沟。"

李之仪所处的时代,既是文化盛世,同时又是一个外临忧患——辽、西夏的入侵,内孕危机——冗兵冗官、积弱积贫、党争不断的时代。

李之仪一生辗转南北,游历丰富,同时也深切地体会到了人生漂泊不定、命运难以把握的痛苦。他曾经融入元祐诗歌创作的洪流,与苏轼文人集团的诸君相交往、唱和、切磋,友朋相呼,唱和应答,

---

① (清)徐松:《宋会要辑稿》,职官六八之二九,第四册,中华书局1987年版,第3922页。

为一时之盛况；又曾追随苏轼于定州幕府，陪奉左右，亲睹一代大师的风采。既经受过贫穷与窘迫，又体味过闲适与愉悦，一生可谓丰富多彩。李之仪一生勤于创作，将人生的足迹、生命的体悟融会于作品中，为我们留下了一笔可资品味的精神财富。

第二节　李之仪交游考

一　李之仪与苏轼的交游

李之仪为苏轼所知，据巩本栋先生《环绕"苏门"起始兴盛的几个问题》[①] 一文认为是在熙宁七年（1074），依据是《苏轼文集》卷五一《与李公择书》："某已到扬州。此行天幸，既得李端叔与老兄。"苏轼熙宁七年，自杭州改官密州，途经扬州。正是此行"得"李公择和李之仪的。而付嘉豪《李之仪与苏轼交游详考》[②] 则认为：李之仪本人《跋沈睿达帖》曰："予官四明（今浙江宁波）与睿达为僚时，才二十余"（《姑溪居士文集》卷四一）。据王兆鹏先生《〈李之仪年表〉补正》推断，李之仪任职四明是在熙宁六年（1073）。那么李之仪这个时候不可能在扬州，故苏轼在《与李公择书》中仅用了"得"字，并未用"识"字。盖当时李公择曾向苏轼提起过李之仪，二人也并未谋面。

其实细审苏轼《与李公择书》："某已到扬州。此行天幸，既得李端叔与老兄，又途中与完夫、正仲、巨源相会，所至辄作数剧饮笑乐。人生如此有几，未知他日能否继此乐否？""巨源"就是"孙巨源"，《东坡乐府》有《永遇乐》（长忆别时）一词，也是赴密州任途经海州时所作。词序云："孙巨源以八月十五日离海州，坐别于景

---

①　莫砺锋：《第二届宋代文学国际研讨会论文集》，江苏教育出版社 2003 年版，第 295 页。

②　付嘉豪：《李之仪与苏轼交游详考》，《衡水学院学报》2009 年第 5 期。

疏楼上。既而与余会于润州，至楚州乃别。余以十一月十五日至海州，与太守会于景疏楼上，作此词以寄巨源。"（按，轼予该年十一月三日即至密州，词叙中"十一月十五日"当是"十月十五日"之误。词中有"别来三度，孤光又满"句。自巨源八月十五日离海州至苏轼十月十五至海州，恰好三见满月）

"某已到扬州"，实际是向李公择报告自己目前的行程，这乃是信件中合乎情理的事情。而"既得李端叔与老兄"之事，则是到扬州之前的事情。而不是像付嘉豪所说苏轼是在扬州见到李之仪的。而一个"得"字，自然比"识"字程度更深。苏轼"得"李之仪外，还有李公择，从这封信可以看出苏轼对李公择的热忱，自然不是一般的"提及"、"听说"而已。杨胜宽、黄永一的《李之仪与苏轼交谊散论》① 一文认为，两人交游"大约始于苏轼被贬黄州后的元丰三年（1080）"，此说也是不妥。因此可以确定熙宁七年（1074），李之仪与苏轼初次相知，苏轼对李之仪颇为欣赏，而彼此相得，这是交往的开始。而后来李之仪屡次写书信给苏轼，苏轼均不作答，而李之仪还继续写信，就不足为怪了。

两人的进一步交游，现在可以考证的是苏轼被贬黄州后的元丰三年（1080），这年或在此之前，李之仪就多次写信给苏轼。苏轼《答李端叔书》云："闻足下名久矣，又于相识处，往往见所作诗文，虽不多，亦足以仿佛其为人矣，寻常不通书问，怠慢之罪，犹可阔略。及足下斩然在疚，亦不能以一字奉慰。舍弟子由至，先蒙惠书，又复懒不即答。顽钝费礼，一至于此。而足下终不弃绝，递中再辱手书，待遇益隆，览之面热汗下也。"其中"及足下斩然在疚，亦不能以一字相慰，舍弟子由至，先蒙惠书，又复懒不即答。"据《苏轼年谱》② 曰："（元丰三年五月）本月末，弟辙来，妻王润之等家小同来。"可知李之仪曾经托苏辙带书信给苏轼，苏轼亦未作答。从苏轼

① 杨胜宽、黄永一：《李之仪与苏轼交谊散论》，《乐山师范学院学报》2002 年第 1 期。
② 孔凡礼：《苏轼年谱》，中华书局 1998 年版，第 482 页。

在《答李端叔书》中来看，当时苏轼并没有即刻回信的原因在于"得罪以来，深自闭塞，扁舟草履，放浪山水之间，与渔樵杂处，往往为醉人所推骂。轼自喜渐不为人知，平生亲友无一字见及，有书与之亦不答，自幸庶几免矣。"当时，苏轼刚因"乌台诗案"而得罪居黄州，内心难免惕惧心理，"得罪以来不敢作文字"，而"平生亲友"也避免与他有所牵连。而李之仪此时却多次写来书信问顾，虽未得苏轼的书信回复，而"终不弃绝"，在如此患难中让苏轼看到了李之仪的胆量和诚心。正是这种在患难中的不肯"弃绝"行为，才使苏轼和李之仪的交情更加深厚，这就是为什么后来苏轼帅定州，"元祐八年，苏（轼）先生守定武，士愿从行者半朝廷，然皆不敢有请于先生，而苏先生一日言于朝，请以端叔佐幕府"。（张耒《送李端叔赴定州序》①）请李之仪佐定州幕的缘故了。

从元祐元年至四年（1086—1089）间，苏轼及苏门中的几位重要文人，如黄庭坚、秦观、张耒、晁补之、李之仪等，大都在京师或来过京师，师友之间唱和较多。苏轼和李之仪亦不免有所唱酬。苏轼《次韵答李端叔》云："识君小异千里人，慰我长思十载间。西省邻居时邂逅，相逢有味是偷闲。"从熙宁七年（1074）苏轼"既得李端叔与老兄"（《与李公择书》）"慰我长思十载间"，到元祐初正好十载有余。而此时二人终于相聚于都城，可以长相过往了。二人于元祐二年，一起参加了由驸马王诜组织的西园雅集盛会。此次盛会著名画家李公麟作了《西园雅集图》，对盛会的场面进行了描摹。米芾又写了《西园雅集图记》，对与会各位文人的具体位置和形态进行了细致地描绘，曰："其乌帽黄道服，捉笔而书者，为东坡先生……捉椅而视者，为李端叔。"这次盛会集中了北宋中后期几乎所有的文化精华。而不幸的是，这次聚会却被某些小人视为政治聚会，以致使这些人中的大部分，在元祐以后的一段岁月里，备尝贬谪的

---

① 《张耒集》卷四八，中华书局1998年版。

痛苦。

而苏轼评李之仪诗《夜值玉堂，携李端叔诗百余篇，读至夜半，书其后》："玉堂清冷不成眠，伴直难呼孟浩然。暂借好诗消永昼，每逢佳处辄参禅。愁侵砚滴初含冻，喜入灯花欲斗妍。寄语君家小儿子：他时此句一时编。"也正写于此时，元祐三年，苏轼《答李端叔书》云："近读近稿，讽味达晨，辄附小诗。更蒙酬和，益深感叹。"玉堂署是翰林学士们办公的地方，直，值。夜直即值夜。时元祐三年，苏轼当时官翰林学士，例须夜直。《旧唐书（卷十九）·孟浩然传》："维私邀入内署，俄而玄宗至，浩然匿于床下，维以实对，帝喜曰：'朕闻其人而未见也，何惧而匿？'诏浩然出。帝问。其诗，浩然再拜，自诵所为，至'不才明主弃'之句，帝曰：'卿不求仕，而朕未尝弃卿，奈何诬我？'因放还。"这是唐代流传最广的文人轶事之一。野史、笔记、方志、诗话辗转传抄。然而，这故事却是杜撰的。胡震享曾怀疑说："孟襄阳伴直，从床底出见明皇，有诸？果尔，不逮坦率宋五远矣。令人主一见意顿尽，何待诵诗始决也？"（《唐音癸签》卷二五《谈丛》）"内署"就是翰林院。可见苏轼在翰林院值班的时候，想起了王维叫孟浩然陪同自己在内署值班的典故，故有"玉堂清冷不成眠，伴直难呼孟浩然"之句。此处，并没有像有些学者所说的把李之仪的诗才与孟浩然作比的意思。

"暂借好诗消永昼，每逢佳处辄参禅"，范温《诗眼》，葛力方《韵语阳秋》均认为此盖傲其用意太过，以至于僻涩。细品苏轼所云"好诗""佳处"，显然对李之仪的诗作是赞赏的，至于什么是"参禅"状态，就需要略加考究了，宋人常以禅喻诗，吴可说："凡作诗如参禅，须有悟门。"（《藏海诗话》）严羽说："大抵禅道惟在妙悟，诗道亦在妙悟。"（《沧浪诗话》）禅宗所谓"悟"，指心灵对佛理的契合与领会，心灵对绝对真实而神秘的本体的觉认。苏轼的意思大概是说：李之仪诗作的佳妙处会产生突然打动人心的效果，令人有一种禅悟的感觉。

元祐八年（1093）六月，苏轼以端明、翰林侍读二学士身份，出任定州安抚使，又辟李之仪为官勾机宜文字。李之仪非常感激，在《跋戚氏》中云："元祐末，东坡老人自礼部尚书，以端明殿学士加翰林侍读学士为定州安抚使，开府延辟，多取其气类，故之仪以门生从辟。"（《姑溪居士文集》卷三八）苏轼辟之仪为幕僚的原因，即"多取其气类"。秦观在其《送李端叔从辟中山》一诗中说："端叔天下士，淹留蹇无成。去从中山辟，良亦慰平生。"（《淮海集》卷十一）苏轼之所以辟之仪为幕僚，一是李之仪本来职位不高，二是二人交情已久。

苏轼在定州任职仅半年，但他与李之仪等人的合作是很愉快的。李之仪《跋戚氏》云："（苏轼与幕僚）五人者，每辨色会于公厅，领所事竟，按前所约之地，穷日力尽欢而罢。或夜则以晓角动为期。方从容醉笑间，多令官妓随意歌于坐侧，各因其谱，即席赋咏。"足见他们在定州的热闹和融洽。众人合谋试探苏轼才能，李之仪在文中称为"足以为中山一时盛事"（《姑溪居士文集》卷三八）。

绍圣元年（1094）四月，哲宗亲政，将苏轼贬往英州。关于此次分手，师生早有预料，据李之仪《仇池翁南浮集序》载，初到定州，苏轼就问他"'近来时事如何？'予对曰：'必有所更张。'先生曰：'有所闻乎？'予曰：'无所闻，以意得之耳。'先生曰：'何以得之？'予曰：'是固不难得，盖平日未有为先生言。'……又曰：'愿为我言之？'予曰：'（高太后）垂帘听政，八年于此，主上未尝可否一事。诸公奏行，将太母之命。太母权为正，而正固在位也。其未尝可否者，盖退托而有所待也。方其政之在我也，岂无舍其旧而求同于我？或有所不纳，既不得同，必退而为异日之谋。今日乃其所谋之时，以八年之所待，则圣志固已定矣。一旦群然而进，如所定者十有八九，欲不信渠，可得乎？'"这篇序表现了李之仪敏锐的政治眼光。听李之仪分析形势后，苏轼曰："自是与子相从之日益难。"（《姑溪居士后集》卷十五）

由于苏轼被贬，定州幕府解散，之后，二人便分离了，从哲宗绍圣至元符的七年间，苏轼遭贬南迁，远至天涯海角；这期间，李之仪做过短暂的枢密院编修官，即出任原州（今宁夏镇原）通判；元符中还京监内香药库，御史石豫论其曾为东坡客，不可任京官，被停职；后在许州幕府中任职。元符三年（1100），徽宗即位，向太后权同听政。元祐旧党纷纷遇赦北归，苏轼亦在被赦之列。李之仪得知消息后，非常高兴，不断写信问候，苏轼也不断予以答复，有《答李端叔五首》为证。苏轼给李之仪的信中特别提到李之仪因为与自己交往而在仕途上受到牵累，深感愧疚："辱书多矣，无不达者。然终不一答，非独衰病简懒之过，实以罪垢深重，不忍更以无益寒温之问，玷累知交。然竟不免累公，惨负不可言。"李之仪亦有数诗为苏轼北归而写，其《次韵东坡还自岭南》云：

> 凭陵岁月固难堪，食蘗多来味却甘。
> 时雨才闻遍中外，卧龙相继起东南。
> 天边鹤驾瞻仙袂，云里诗笺带海岚。
> 重见门生应不识，雪髯霜鬓两鬖鬖。

但建中靖国元年（1101）七月二十八日，苏轼病逝于常州。李之仪闻讣大恸，其《与赵仲强兄弟手简》曰："昨日欲具马将北去，遽报东坡丧舟来，亟郊外致奠。"（《姑溪居士文集》卷二五）师生失去了最后见面的机会。

二　李之仪与秦观的交游

秦观（1049—1100），字少游，一字太虚，号淮海居士，"苏门四学士"之一。总览一生，可谓命运坎坷，身世飘零。37岁前基本在家乡读书与漫游。熙宁七年（1074），苏轼知密州，道经扬州，秦观预先仿苏轼语题诗寺壁，使苏轼大为惊讶；之后，元丰元年

（1078）谒东坡于徐州，第二年苏轼知湖州，又与之同游。元丰八年（1085），秦观 37 岁，中进士，授蔡州教授；元祐五年（1090）入京任职，在京三年，与黄庭坚、张耒、晁补之合称"苏门四学士"。元祐八年（1093）高太后去世，哲宗亲政，任用新党；次年秦出为杭州通判，贬处州监酒，绍圣三年（1096）贬郴州，四年迁横州；元符二年（1099）徙雷州，第二年徽宗继位，赦令回，与苏轼相会于海康，八月醉卧滕州光化亭下逝世，终年 52 岁。秦观短暂的一生十分凄凉，入仕后只有三年短暂的京师生活，此后即以元祐党人遭贬，在流离中死去。

秦少游和李之仪何时建交，没有具体的文献可考。考查二人的踪迹，可以有交往的最早在元祐初。看秦少游的诗：

寄李端叔编修
旗亭解手屡冬春，闻道归来自发新。
马革裹尸心未艾，金龟换酒气方震。
梦魂偷绕边城月，道从公穿禁路尘。
知有新编号横槊，为凭东使寄淮滨。

此时李之仪在京任枢密院编修，从"旗亭解手屡冬春"来看二人已分别很久；从"马革裹尸"来看，大概回顾李之仪入折可适幕府事，苏轼有诗《次韵答李端叔》："若人如马亦如班，笑履壶头出玉关。已入西羌度沙碛，又向东海看涛山。识君小异千人里，慰我长思十载间。西省邻居时避近，相逢有味是偷闲。"大概也指此事，此诗当写于元祐初，秦少游还未入京之前。

元祐三年（1088），此时李之仪在京师作枢密院编修，与苏轼过往甚密，苏轼有诗《夜直玉堂，携李之仪端叔诗百余篇，读至夜半，书其后》。而这一年秦少游正在蔡州学官任上，被招至京师，以应制科，上进策三十篇。元丰八年（1085），由于神宗崩，哲宗即位，高太后用事。元祐元年（1086）苏轼由起居舍人迁至中书舍人，九月又除翰林学士、知制诰。此时，京师兴起所谓的洛党和蜀党，领袖人物分别为程颐和苏轼，而两党意见不合，互相攻讦。秦少游由于和苏轼关系密切，被视为蜀党，遭受排挤，胸中不禁忿忿。此种情绪在他给李之仪的诗《李端叔见寄次韵》（《秦观诗》卷八）中多有表露，由此可见二人关系亲近。

李端叔见寄次韵

君文豪赡无与俦，使我吟讽忘离忧。
浩如沅湘起阳侯，翻星转日吞数州。
华章藻句饶风力，顷刻朱红迷畛域。
一班纵复为管窥，万派终难以蠡测。
区区文墨倦高情，解鞍还游恍惚庭。
半槽新水六尺簟，卧视云物行空青。
伊我篮舆抵京县，溽暑黄埃负初愿。
君家只在御城东，弥月不能三两见。
求仙未若醉中真，蚁斗蛾飞愁杀人。
清都梦断理归棹，回首一树琼枝新。
归来草木春风换，世事蜎毛那可算。
幸谢故人频寄书，莫笑元郎自呼漫。

"伊我篮舆抵京县，溽暑黄埃负初愿"、"清都梦断理归棹，回首一树琼枝新。归来草木春风换，世事蜎毛那可算"，由这些诗句，可以看出秦少游这次京师之行并不大如意，原来的美好愿望落空了。"蚁斗蛾飞愁杀人"，到京城面对的是纷扰不休的蜀洛党争，真是令他厌烦。"君家只在御城东，弥月不能三两见"，李之仪和秦少游虽同在京师，见面却不是很多。"幸谢故人频寄书"，秦少游回到蔡州后二人有多次书信往来，相互知赏。

元祐六年，苏轼由杭州任上被召回了京城，任翰林学士承旨、知制诰兼侍读。八月苏轼又以龙图阁学士知颍州，元祐七年（1092）九月，苏轼又回京师，任兵部尚书、侍读学士。元祐八年九月高太后去世，哲宗亲政，苏轼以端明殿学士、翰林侍读学士出知定州。元祐六年到八年，这段时间秦少游在京都秘书省供职，而李之仪亦在枢密院任编修。此时苏轼在京，是苏门弟子交游、唱和的高峰期。

秋夜病起怀端叔作诗寄之

寝瘵当老秋，入夜庭轩空。天光脆如洗，月色清无缝。
风飙庚庚轻，露气霏霏重。檐花伴徐步，笼烛窥孤讽。
缅惟情所亲，佳辰谁与共。夫子淮海英，材大难为用。
秉心既绝俗，发语自惊众。尘尾扣球琳，笔端攒蟠蝀。
雄深迫扬马，妙丽该沈宋。浮沉任朝野，鱼鸟狎鲲凤。
与时真楚越，于我实伯仲。尔来居邑邻，颇便书札贡。
上凭鸿雁传，下托鲤鱼送。二物或愆时，已辱移文讼。
人生无根柢，泛若凌波荓。昧者复汲汲，晨暝趋一哄。
阴持含沙毒，射影期必中。自匿嫫母容，对客施锦幪。
溘然一朝逝，万事俱成梦。形骸犹汝辞，利势犹君动。
思之可太息，伤之为长恸。所以古达人，脱身事高纵。
我生尤不敏，胸腹常空洞。强颜入规模，垂耳受羁鞚。
行谋买竿栧，名理就折衷。但恐狂接舆，烦君更嘲弄。

这首诗从"尔来居邑邻，颇便书札贡。上凭鸿雁传，下托鲤鱼送"来看，此诗当写于二人元祐中齐聚京城时，二人书信往来十分密切，情谊得到了迅速的提升。诗中可以见出秦少游与李之仪的惺惺相惜的知己感。此时少游受贾易诋毁"不检"，曾罢正字。

送李端叔从辟中山

人畏朔风声，我闻独宽怀。岂不知凛冽，为自中山来。

端叔天下士，淹留寨无成。去从中山辟，良亦慰平生。

与君英妙时，侠气上参天。孰云行半百，身世各茫然。

当时儿戏念，今日已灰死。著书如结蜚，聊以忘忧耳。

骎骎岁乃尽，淮海归无期。功名良独难，虽成定奚为。

念君远行役，中夜忧反侧。揽衣起成章，赠以当马策。

此诗当写于元祐八年，哲宗亲政后，苏轼出知定州，李之仪佐幕府，主管定州安抚司机宜文字。这首诗是为送李之仪去定州而写，诗中同情李之仪虽是"天下士"，却际遇坎坷，能随从苏轼去定州，也是十分值得欣慰的事情，想到自己也是身世蹉跎不易，十分感慨。

元祐九年（绍圣元年），苏轼以语涉讥讪，先徙英州，再贬惠州。秦少游出为杭州通判，半路上又被贬为监处州酒税。此后少游历郴州、横州、雷州贬所。元符三年（1100）哲宗崩，徽宗即位，秦观复宣德郎，放还衡州。八月少游至滕州去世。绍圣元年，苏轼被贬离开定州后，李之仪的行踪不可考，绍圣四年（1097）李之仪在原州通判任上被逮下狱，元符三年，李之仪时官颖昌。自元祐八年后，大概秦少游和李之仪便无由相见了。政和六年（1116），少游子秦湛通判常州，迁葬少游于无锡，与徐夫人合墓，李之仪作《祭秦少游文》。

第二章　李之仪词作研究

　　李之仪虽然不算"大家"，但是他的诗词文均有自己的特色，造诣也颇深，创作上是有一定成就的。苏轼曾称赞他的诗："暂借好诗消永夜，每逢佳处辄参禅。"（《夜直玉堂，携李之仪端叔诗百余篇，读至夜半，书其后》）《钦定四库全书总目》称："之仪在元祐、熙宁年间，文章与张耒、秦观相上下。"① 《蒿庵论词》："姑溪词长调近柳，短调近秦，而均有未至。"②

　　李之仪生活的时代，宋词已是高峰迭起，名家辈出了。李之仪在他著名的《跋吴思道小词》提及的著名词人就有：柳永、张先、晏殊、欧阳修、宋祁等人，文中没有提及苏轼，大概是因为他对苏轼词所开创的一种豪放风格并不赞赏，他在此文中提出了词"自有一种风格"的看法，这比李清照"词别是一家"的论调还要早三十六年，坚持词有自己的特质。

　　李之仪生活的时代，词作家的高峰人物无疑要数柳永和苏轼了。柳永极善填词，尤能自创新声，"铺叙展衍，备足无余，形容盛明，千载如逢当日"（李之仪：《跋吴思道小词》）。其词较为真切地反映了下层人民的生活和内心情感，故赢得广泛的流传，不但当时"天下咏之"（陈师道：《后山诗话》），"凡有井水饮处，即能歌柳词"

---

　　① 永瑢等：《四库全书总目》，中华书局1997年版。
　　② （清）周济、谭献、冯煦：《介存斋论词杂着　复堂词话　蒿庵论词》，人民文学出版社1959年版，第62页。

(叶梦得:《避暑录话》卷三),而且,还流行于北宋后期数十年,可见其流传之广和受欢迎的程度,而苏轼作为文坛领袖,无论是其诗词文都是人们争相阅读的对象,他的作品可以在极短的时间内得以广泛传诵。吴熊和先生指出:"苏轼作词时,正当柳永词风靡一世之际。他改变词风,就以柳永为对手,从力辟柳词开始。"① 苏轼对待柳词的态度:承认其长处,更看到其不足。词人赵令畤《侯鲭录》记载:"东坡云:世言柳耆卿词俗,非也。如《八声甘州》云:风霜(按:今作霜风)凄紧,关河冷落,残照当楼,此语于诗句,不减唐人。"(一云此说出自晁补之)对柳词的优点和成就予以充分肯定,然而苏轼力辟柳词,反对门人学习柳永。黄升《唐宋诸贤绝妙词选》卷二苏轼《永遇乐》词末载:"秦少游自会稽入京,见东坡。坡曰:'久别当作文甚胜。都下盛唱公"山抹微云"之词。'秦逊谢。坡遽曰;'不意别后,公却学柳七作词。'秦答曰:'某虽无识,亦不至是。先生之言,无乃过乎?'坡云;'销魂当此际','非柳词句法乎?'秦惭服。"(苏轼:《与鲜于子骏书》,见《苏轼文集》卷五三)然苏轼之辟柳词,不是从感情上贬低它,而是有着充分的实践理性基础。神宗熙宁八年(1076),苏轼在密州任上,于祭祀常山的归途中会猎,赋《江神子》(老夫聊发少年狂)词以抒情怀,在致友人鲜于子骏的书中云:"近却颇作小词,虽无柳七郎风味,亦自是一家。呵呵。数日前,猎于郊外,所获颇多。作得一阕,令东州壮士抵掌顿足而歌之,吹笛击鼓以为节,颇壮观也。"到元祐年间,随着苏轼"豪放词"创作实绩的丰厚,苏轼更加明确亮出反对柳永词的旗号,以示可与柳词相争。宋俞文豹《吹剑续录》云:"东坡在玉堂,有幕士善讴,因问:'我词比柳词何如?'对曰:'柳郎中词,只好十七八女孩儿执红牙板,唱"杨柳岸,晓风残月"。学士词,须关西大汉,执铁绰板,唱"大江东去。"'公为之绝倒。"这件事显然发生在元祐

_____

① 吴熊和:《唐宋词通论》,浙江古籍出版社 1989 年版,第 207 页。

初年苏轼在翰林院时。所谓"关西大汉"云云，与熙宁间苏轼自己所描述的"东州壮士"云云，前后如出一辙，完全吻合，不同之处在于前者是自言，后者出自别人之口，苏轼提出"我词比柳郎中词何如"而这恰恰说明此时苏轼的创作实绩已经深入人心，人们对他的豪放词特点已经有所把握，而苏轼也是十分自信，"我词比柳词何如"？他这个问题，已有以豪放词问鼎词坛之意，并且直接以柳词作为较量对象。柳永词最大之失，在于浅近卑俗，缺少"气格"或"风骨"。映衬着词创作的时代风气，李之仪无论是在词的创作还是理论方面都有自己的特色。

第一节 李之仪词作版本及流传情况考

李之仪著有《姑溪居士文集》五十卷，《后集》二十卷，凡七十卷。吴芾《姑溪居士文集序》① 称，他于干道丁亥年（1167）"假守当涂，因访求古来文士居此邦而卓然有声于世者"，李之仪当时去世已经四十年了，他向李之仪的子孙索求遗稿，但"子孙往往散落，无复遗稿，间得之邦人，类而聚之，命郡士戴犟订正，厘为五十卷"。《后集》不知是谁编定的，《四库全书提要》认为"《文献通考》已著录，则亦出宋人手矣"②。

《姑溪居士文集》和《后集》都是诗、词、文的合集，含诗二十四卷、词三卷、文四十卷，宋人已将词抽出单刻，《直斋书录解题》载《姑溪词》一卷③，现存最早刻本为明毛晋汲古阁刻本，《四库全书》即收此本。

曾枣庄先生之《姑溪居士杂考》及《姑溪居士的词论与词作》

---

① 影印文渊阁《四库全书》本，台湾商务印书馆1986年版。
② （清）永瑢等：《四库全书总目》，集部，词曲类，中华书局1997年版，第2784页。
③ （宋）陈振孙《直斋书录解题》卷二十《姑溪集解题》，影印文渊阁《四库全书》本（台湾商务印书馆1986年版），第674册，第888页。

说《姑溪词》，《四库全书》共收四十调八十八首，而又说"唐圭璋《全宋词·李之仪词》，据陆贻典校补汲古阁本收入，所收词与前后集中所收词完全相同，共四十五调，九十四首。"① 言之不明，请为详言之。

《四库全书》收李之仪的集子共三种：《姑溪居士文集》五十卷（前集）、《后集》二十卷、《姑溪词》，前两种是诗词文合集，后一种是抽出单刻的词集。四库所收《姑溪词》并非如曾枣庄先生所说"共收四十调八十八首"，实际收词四十调，八十六首，且最末一首《踏莎行》从"薄情"后缺起。而《四库全书·姑溪词提要》② 却又说："《书录解题》载之仪姑溪词一卷。此本为毛晋所刊，凡四十调共八十有八阕。"《姑溪居士前集》收李之仪词共四十调八十九首，《后集》又收录了五首，这样前、后集加起来方是所谓的九十四首。

这究竟是怎么回事呢？吴重熹《吴氏石莲庵刻山左人词·姑溪词跋》③ 或可作些解释，其云："姑溪居士者，端叔南迁后自号，因以名其集。词三卷，均在集中，汲古阁刻入六十家。毛子晋跋云得单行本，实则从集抄出，并三卷为一，次第均从本集，一无更动，决非别本，而从《踏莎行》以下，均为鼠损。此本为明吴匏庵丛书堂抄本，不特《踏莎行》以下字未损坏，后尚有四调。因并取二集五调附入，似比汲古阁本稍完善矣。"那么毛晋所刊的汲古阁六十家词刻本中的《姑溪词》，原封不动抄自《姑溪居士文集》即《前集》，共四十调八十九首（毛晋所刊当是此本，但不知为何称为八十八首），而《四库》收录此本的时候，已为鼠损而有所毁坏，所以收录了八十六首，且最末一首《踏莎行》从"薄情"后缺起。吴重熹又说，自己所见本"不特《踏莎行》以下字未损坏，后尚有四调。因

① 曾枣庄：《姑溪居士杂考》，《四川大学学报》（哲学社会科学版）1990 年第 3 期。曾枣庄：《姑溪居士的词论与词作》，《文学遗产》1991 年 2 月。

② （清）永瑢等：《四库全书总目》，集部，词曲类，中华书局 1997 年版，第 2784 页。

③ 金启华等编：《唐宋词集序跋汇编》，江苏教育出版社 1990 年版，第 35 页。

并取二集五调附入"，《前集》的《踏莎行》后尚有《南乡子》、《万年欢》二调，加上《后集》的《朝中措》、《临江仙》、《蝶恋花》为五调，吴重熹说"后尚有四调"，似是说《前集》还有四调，那么《后集》当有一调，这与《四库》所收不符，不知何故也。

本论文以中华书局 1985 年版《丛书集成初编》所收李之仪的九十四首词[①]作为研究的对象。

李之仪的词作题材丰富，但又有侧重。本文就其题材统计如下：

咏怀词	艳情词	咏物词	送别词	祝寿词	其他
14 首	51 首	4 首	1 首	1 首	23 首

从图中可以看出咏怀词和艳情词，是李词最为重要的部分。因此，本文就这两类词进行重点论述。

第二节　咏怀词

李之仪生平际遇坎坷，一生官都做得不大，而且遭遇了三次贬官的经历，那么这些经历给他的心境打上了什么烙印呢。我们可以从他的词作窥见一斑。

南乡子

春后雨余天，娅姹黄鹂胜品弦。榴叶千灯初报暑，阶前。只有茶瓯味最便。身世几蹁跹，自觉年来更可怜。欲问此情何所似，缘延。看取窗间坠柳绵。

这首词写春后雨过初晴的一天，黄鹂的嘀哩啼啭美妙胜过琴音，石榴树上初结的百千个小果子，恰如串串灯盏，向人们报告着夏天

---

① 丛书集成初编：《姑溪居士全集》，中华书局 1985 年版，《姑溪居士文集·词曲》。本文所引李之仪的词均引自此处，以下不再出注。

的来临，倘若这时候再来一杯茶，那将是多么的心旷神怡啊。作者将春天的景象写得逼真可喜，仿佛可见可闻，可是诗人此时却情不自禁地联系到了自己的生平遭际，"自觉年来更可怜"，而此情缠缠绵绵，恰似窗外飘落的丝丝柳絮。

李之仪描写类此心情的词，艺术上都达到了较高的艺术水准，将人生的失落和飘零之感与景物的描绘紧紧交融在一起。类似的描述还有，"只恐近来情绪，似风前秋叶"（《好事近》）。而感叹年华空逝，一事无成的句子则更多，"惆怅流光去不回"、"万事已成灰"（《南乡子》），"功名何在，文章漫与，空叹流年"（《朝中措》），"潦倒无成，疏慵有素"（《踏莎行》），"梦破南窗，愁肠万缕。那听角动城头鼓。人生弹指事成空，断魂惆怅无寻处"（《踏莎行》），在《浣溪沙》中他称自己"日月何曾避覆盆"，所以"寒乡怜我似鸥蹲"，至若"几回枕上，那件不曾留梦想。变尽星星，一滴秋霖是一茎"（《减字木兰花》），则真是字字皆是血，将哀情形容到极点。

李之仪也不免于宋人对功名的追求，既为生计考虑，也是宋人淑世心理的表现。他说："富贵功名虽有味，毕竟因谁守。"（《雨中花令》）"惟愿疏封大国，彩笺上频易佳名。从此去，贤子才孙，岁岁长捧瑶觥。"（《万年欢》）但时运似乎太不济，他对命运真诚的祝祷："试祷波神应见许，帆开风转，事谐心遂，直到明年雨。"（《青玉案用贺方回韵有所祷而作》）他也难免发发牢骚："看取刀头切藕，厚薄都随他手。趁取日中归去好，莫待黄昏后。"（《雨中花令》）

李之仪也有颇为潇洒豁达的作品，表现了一种精神上的疏狂和放荡。疏狂，是有宋一代文人中普遍可见的一种诗意态度。仕途不顺，却正可以于仕途之外的人生中寻求、创造和享受生活的诗意与自由，用审美的追求与获得来弥补功利的追求与失意。《蝶恋花》："取次杯盘催酩酊，醉帽频欹，又被风吹正。踏月归来人已静，恍疑身在蓬莱顶。"词中借酒来放纵性情，疏离于官场的约束感、压抑感，在狂饮中求生命的真率和人生的充实，将人生的各种烦恼、苦闷、忧伤来借助醉意以得超越和解脱，在狂饮中得到轻松和自由。古代文人讲究诗酒风流，酒使生命得以放纵，诗使生命的价值得到审美的升华。词中月夜景色优美安静，使词人产生了身在蓬莱之顶的超越之感。又如《蝶恋花》："万事都归一梦了，曾向邯郸，枕上教知道。百岁年光谁得到，其间忧患知多少。无事且频开口笑，纵酒狂歌，销遣闲烦恼。金谷繁花春正好，玉山一任樽前倒。"《鹧鸪天》："收尽微风不见江，分明天水共澄光。由来好处输闲地，堪叹人生有底忙。心既远，味偏长。须知粗布胜无裳。从今认得归田乐，何必桃源是故乡。""触涂是碍，一任浮沉何必改。"（《减字木兰花》）李之仪借酒、借诗、借自然、借田园而疏狂，同时刺激创作的灵感和激情，提升生命的诗意价值，在游玩娱乐的遣兴中，享受着自由的快感。

人生总是难免遇到困境的，李之仪一生经历波折，所以难免发出悲叹之声，但他把人生的潇洒情怀写得自得、忘我，纵酒狂歌，万事如梦，也是情貌兼具的。

第三节　艳情词

相比咏怀词，李之仪的词一到艳情词，则如平地起波澜，文笔变得更加生动活泼，情调也多显明快和乐观，富有情趣，传达着缠绵婉转的情思。它们有五十一首之多，超出了总数九十四首的一半，可以想见作者在上面花费的功夫了。表现了李之仪对词表现艳情传统的回归。不过他的艳情词不同于柳永词的俚俗风格，表现出一种清绮之美。爱情好像给李之仪的生活增添了更多生气和欢乐。而艳情词的写作亦展示出作者更多的创作才情。确实在词坛上"别辟出了一片风光旖旎的新天地"（《唐宋五十名家词论》）① 对李

---

①　陈如江：《唐宋五十名家词论》，华东师范大学出版社1992年版，第80页。

词的评论)。

在这五十一首艳情词中，竟有三十六首是写相思之情的（为论述方便，本书对这些词以"相思词"称之）。表现了男女丰富、细微的相思情状和心理，令人感受到爱情的真诚，体会到悠长、深远而婉曲的艺术韵味，成为李词中最富特色的作品，代表了李之仪词作最高的艺术水平，而李之仪写出了因之而名世的词作《卜算子》（"我住长江头"），恐怕就不完全是一件偶然的事情了。

本节力图通过对这些相思词内容的具体分析，结合李之仪的词论，进而透视出李之仪相思词独特的艺术特色。

一 李之仪相思词本事

李之仪的妻子，据他的《姑溪居士妻胡氏文柔墓志铭》，可知其妻胡氏出身名门，名淑修，字文柔，是一个奇女子，知书达理，聪明而又有见识，连沈括偶有遗忘，都要向她请教。李之仪在诗中亦称其为"德曜"[①]，"德曜"乃是汉代梁鸿妻子孟光的字，可见对她的敬重。但大约正如李长之《鲁迅批判》所言："这也是一切艺术的特质吧，必须和现实生活有一点距离，所以和爱人吻着的时候大抵是不会写情诗的，如周作人所说。"[②] 李之仪的词中没有直接送给他妻子的作品，只有一首盼望家书的作品《朝中措》（"暮山环翠绕层栏"）。此外可以考证的与李之仪有关的女子还有董九[③]、杨姝。苏轼的《立春日小集呈李端叔》诗有"归卧灯残帐，醒闻叶打庵。须烦李居士，重说后三三。"《施注苏诗》说："后三三语，读者往往不知所谓，盖端叔在定武幕中特悦营妓董九者，故用九数以为戏尔。"[④]

---

① （宋）李之仪：《题朱砂汤》（"忆同德曜涉歅蒸"），北京大学古文献研究所：《全宋诗》，北京大学出版社1995年版，第17册，第11279页。

② 李长之：《鲁迅批判》，载《李长之批评文集》，珠海出版社1998年版，第44页。

③ 据曾枣庄先生考证：《姑溪居士的词论与词作》，《文学遗产》1991年2月。

④ 《施注苏诗》卷三十四，影印文渊阁《四库全书》本（台湾商务印书馆1986年版），第1110册，第584页。

杨姝乃是当涂的一个歌伎，她与李之仪有三个孩子①。李之仪在崇宁二年（1103），被贬当涂。黄庭坚在崇宁元年（1102）六月到太平州任，七日而罢，又数日而去②，时李之仪已在太平，有《好事近·与黄鲁直于当涂花园石洞听杨姝弹〈履霜操〉，鲁直有词，因次韵》。这说明李之仪一到当涂就认识了杨姝。他到当涂的第三年他的妻子胡氏去世，杨姝也就成了他实际的妻子。政和三年（1113），李之仪又第三次被贬官，原因是"淮东提刑司勘到之仪与杨姝踰滥及信凭杨姝所生男为己子，增岁乞补"。③（《宋会要辑稿》）

李之仪词作中明确标注为杨姝作的有《好事近》（相见两无言）、《清平乐·听杨姝琴》（殷勤仙友劝我千年酒）、《浣溪沙·为杨姝作》（玉室金堂不动尘）及"又再和"上词的另一首《浣溪沙》（依旧琅玕不染尘）。另外杨姝善弹琴，李之仪词中有称"琴仙"的句子，或许亦指杨姝，而此外多有"神仙院宇之句"抑或恐是。

二 李之仪相思词的内容

1. 相思情状的描写

《诗经》"自伯之东，首如飞蓬"（《诗经·卫风·伯兮》），将一个女子的相思情状刻画得独特而又传神，千载之下，如在眼前。李之仪在这方面也是颇有一番功夫的。在他的词中相思主人公有三种情况：

（1）相思主人公为自己。

"桐阴未减，独自携芳醑。再弄想前欢，拊金樽、何时似旧。凭谁说与，潘鬓转添霜，飞陇首。云将皱，应念相思久。"（《蓦山

---

① 据曾枣庄先生考证：《姑溪居士杂考》，《四川大学学报》（哲学社会科学版）1990年第3期。

② （宋）任渊：《山谷内集诗注》目录所附《山谷年谱》，影印文渊阁《四库全书》本（台湾商务印书馆1986年版），第1114册，第22页。

③ （清）徐松：《宋会要辑稿》，中华书局1987年版，职官六八之二九，第四册，第3922页。

溪》），"携芳醑"，"拊金樽"，都是一种沉思与玩味的情状，既有怀想往昔的甜蜜，又有年华空逝，相思无着的忧伤。"争知这里，没个人言语。拨尽火边灰，搅愁肠飞花舞絮。"（《蓦山溪》）"拨尽火边灰"，是个下意识的动作，一种孤寂无聊而又无奈的意味从中油然透出，作者敏锐地捕捉下了这个镜头。"坐久灯花开尽，暗惊枫叶。"（《玉蝴蝶》）灯花在民间被认为是一个吉兆，《红楼梦》中就说"女儿喜，灯花并头结双蕊。"（《红楼梦》二十八回）词中的主人公已经"坐久"，显然沉思已久，空望着灯花一个个结成，又一个个落去，不知相聚在何时。这些相思情状非常典型而有特色，深深地传达出一种思念的滋味。不过李之仪对自己这方面的描写并不多，他更热衷于描写意中人（女子）的相思情状。

（2）相思主人公为意中人（女子）。

分为两种情况，一为自己想象女子在相思自己时的情状。如"垂窄袖，花前镇忆相思久。"（《千秋岁》）"不道有人肠断也，浑不语，醉如痴。"（《江城子》）"仿佛幺弦犹在耳，应为我，首如蓬。"（《江城子》）李之仪不仅写自己的相思，还写对方对自己深切的思念。君思我处我思君，相思的互动使情味更为缠绵深厚，也使李之仪最终能够破空喊出那首著名的《卜算子》。二是作为第三者描写女子的相思情状。"眉压横波皱，歌断青青柳。钗遽擘，壶频叩。鬓栖清镜雪，泪涨芳樽酒。难再偶，沉沉梦峡云归后。"（《千秋岁》）因为离别，于是眉头深皱。将词调《杨柳枝》唱了一遍又一遍，分钗作离别的纪念，又将唾壶频频敲打，接着看到镜中双鬓已染上雪色，念及年华将逝，于是和泪饮下美酒。这是一种不能与意中人相见而非常激烈的反应。再看《千秋岁》："柔肠寸折，解袂留清血。蓝桥动是经年别。掩门春絮乱，欹枕秋蛩咽。檀篆灭，鸳衾半拥空床月。妆镜分来缺，尘污菱花洁。嘶骑远，鸣机歇。密封书锦字，巧绾香囊结。芳信绝，东风半落梅梢雪。""掩门"是有所待而落空，"欹枕"是久久不眠，"鸳衾半拥空床月"则情境优美而情思无限，是非常具有画面感而又富有诗情的佳句。无心梳洗打扮，也无心在织机上忙碌。只将写好的书信密密封住，将寄托相思的香囊缩住。李之仪巧借想象之力，对女子的相思情状作了细致而传神的刻画，传达出刻骨相思之意。《清平乐》也是一篇富有特色的词作，"仙家庭院，红日看看晚。一朵梅花挨枕畔，玉指几回拈看。拥衾不比寻常，天涯无限思量。看了又还重嗅，分明不为清香"。李之仪最喜爱梅花，他以梅花赠送意中人，这大概是真有其事的。在这首词里他将女子借花以思人的情状描摹得多么细致、独特，传达出多么绵长的情意。

（3）相思主人公为未点明性别的。

可以《千秋岁》为例："深秋庭院，残暑全消退。天幕迥，云容碎。地偏人罕到，风惨寒微带。初睡起，翩翩戏蝶飞成对。叹息谁能会，犹记逢倾盖。情暂遣，心常在。沉沉音信断，冉冉光阴改。红日晚，仙山路隔空云海。""翩翩戏蝶飞成对"暗示出男女相思，但这位在深秋庭院"初睡起"，回忆着昔日"逢倾盖"情景的主人公，我们却不能判断出其性别。

2. 相思心理的刻画

其实，对相思情状的描写未尝不是相思心理的一种折射，但李之仪词中另有直接的心理描述。如"擘麟泛玉，笑语皆真类。惆怅月边人，驾云轺、何方适意。"（《蓦山溪》）越是美好的时刻，就越发惦念意中人，希望能够共度欢乐时光，于是心中暗问意中人此刻在做什么。《蓦山溪》："神仙院宇，记得春归后。蜂蝶不胜闲，惹残香、紫纡深透。玉徽指稳，别是一般情，方永昼。因谁瘦，都为天然秀。"对那一派"玉徽指稳"的风流态度，那一番天然秀气久久不能忘怀，回味不已。"耳边依约，常记巧语绵蛮。"（《玉蝴蝶》）耳边似真非真地响起那个女子有趣而可爱的话语。"兰易歇，恨偏长，魂断成何事。"（《蓦山溪》）因为年华易逝，相思离别也就成了更可悲哀的事情。以上是对相思心理的一种具体描述，还有一种是直接以"情语"出之，毛晋评价李之仪的词为："中多次韵，小令更长于淡语、景语、情语。"那么何谓"情语"呢？王国维在《人间词话》中说："词家多以景寓情。其专作情语而绝妙者，如牛峤之'甘（应为须）作一生拼，与君今日欢。'"① 则"情语"当为直抒己意的句子。李之仪词如"休嗟磨折。看取罗巾血。殷勤且话经年别"（《千秋岁》）"莫把金樽容易劝，坐来几度销魂。不知仙骨在何人。好将千岁日，占断四时春"（《临江仙》）的劝慰；"无复伤离缺，共保冰霜洁"（《千秋岁》）的忠贞誓言；"强铺同处被，愁卸欢时帽。须信道，狂心未歇情难老"（《千秋岁》）的真情表露。"安得一双飞去，春风芳草池塘"（《清平乐》），对相聚欢乐的向往。这些词句，均可称为"情语"。李之仪以自己的真情体验，用词笔演绎出相思者曲折、丰富的内心世界。

3. 相思情境的精心营造

使相思词富有诗意的展开，景物的烘托渲染首先是必不可少的。如《蓦山溪·北观避暑次明叔韵》，"金柔火老，欲避几无地。谁借一檐风，锁幽香、惝惝清邃。瑶阶珠砌，如膜遇金篦。流水外，落花前，岂是人能致"。在难逃暑热之际，一檐幽风袭来，它还不经意的携来缕缕清香，让人获得了一种清邃的心理境界。"流水外，落花前，岂是人能致"，一个幽静无尘之所悄然而至，于是"擘麟泛玉，笑语皆真类。惆怅月边人"的思情就可以优美的展开了。"分外清光泼眼，迷滉漾无计勾栏"，八月十六日的月光，愈发衬得思情难耐了，于是作者情不自禁地呼唤道"归来呵，休教独自，肠断对团圆。"（《满庭芳》）"残寒销尽，疏雨过、清明后。花径款余红，风沼萦新皱。乳燕穿庭户，飞絮沾襟袖。正佳时，仍晚昼。着人滋味，真个浓如酒。"（《谢池春》），则正如韦庄的词《思帝乡》："春日游，杏花吹满头。陌上谁家年少，足风流。妾拟将身嫁与，纵被无情弃，不能休。"春日的生机与美好更激发得思情似酒浓。"阑干拍遍等新

① 王国维：《人间词话　人间词》，谭汝为校注，北京群言出版社 1995 年版，第 61 页。

红。酒频中，恨匆匆。投得花开，还报夜来风。惆怅春光留不住，又何似，莫相逢。"(《江城子》)除了景物的描写外，李之仪还以"阑干拍遍等新红"这样情味深切的动作，营造出很好的相思情境。

李之仪在人生失意之余或许在男女相思中感受到了更多诗意。他所描写的感情，缠绵深厚。词中虽然也有"想归来，醉里鸾篦凤朵，倩何人卸"(《水龙吟》)的句子，但含蓄婉转，没有直露的色情描写，而同时他所写的感情已经不是逢场作戏，他的词作也不是歌筵舞席间的应景之作，所以这些词已经表现出了爱情的特质。

三　李之仪相思词的艺术特色

李之仪在他著名的《跋吴思道小词》中提出了词"自有一种风格"的观点，这比李清照"词别是一家"的论调还要早三十六年。

首先将《跋吴思道小词》其文录下：

长短句于遣词中，最为难工，自有一种风格，稍不如格，便觉龃龉。唐人但以诗句，而用和声抑扬以就之，若今之歌《阳关词》是也。至唐末，遂因其声之长短句，而以意填之，始一变以成音律。大抵以《花间集》中所载为宗，然多小阕。至柳耆卿，始铺叙展衍，备足无余，形容盛明，千载如逢当日；较之《花间》所集，韵终不胜，由是知其为难能也。张子野独矫拂而振起之，虽刻意追逐，要是才不足而情有余，良可佳者。晏元献、欧阳文忠、宋景文则以其余力游戏，而风流闲雅，超出意表，又非其类也。谛味研究，字字皆有据，而其妙见于卒章，语尽而意不尽，意尽而情不尽，岂平平可得仿佛哉！思道覃思精诣，专以花间所集为准，其自得处，未易咫尺可论。苟辅之以晏、欧阳、宋，而取舍于张、柳，其进也将不可得而御矣。

李之仪一开始就提出"长短句于遣词中，最为难工，自有一种风格，稍不如格，便觉龃龉"的观点。显然在李之仪看来"词"具有一种独特的风格，使它不同于诗文。曾枣庄先生认为这个"风格"既指词的风貌、风韵与诗不同，又指词的格律要求与诗不同[①]，这个看法应该是公允的。

在论各个词人时，李之仪是紧紧围绕"韵"展开的，这个"韵"指的是"有余味"，柳永"韵终不胜"，所以张先就"独矫拂而振起之"，但可惜"虽刻意追逐，要是才不足而情有余"，不过"良可佳者"，在"韵"的纠正上，晏元宪、欧阳文忠、宋景文做得很好，他们"以其余力游戏，而风流闲雅，超出意表"，"意表"，即意外之意，"超出意表"就是他们的词富有言外之意，但他们"又非其（张先、柳永）类也"。简单地说就是：柳永的优点是"铺叙"，缺点是"无余"；张先的缺点是"才不足"，优点是"情有余"。晏、欧、宋既有才学，又有韵味，所以为高。李之仪认为柳、张、欧、晏等人的词作各有长处，但也各有不足，所以吴思道在自己已有的成就上，如果能取其长而避其短（"辅之"、"取舍"）则能够完全达到词特有的"风格"，从而"不可得而御矣"。

本文虽然是写给吴思道小词的跋，但同时也是作者在长期的欣赏和创作中得来的经验的总结。将其创作和词论结合在一起，我们可以更为清晰地看出李之仪相思词作的艺术特色。

1. 学习柳永，"铺叙展衍，备足无余"，又避其直露，余味不足的毛病。

李之仪的词，毛晋评价为："中多次韵，小令更长于淡语、景语、情语。"《四库全书》提要评价说："词亦工，小令尤清婉峭茜，殆不减秦观。"二者皆对李之仪的小令评价很高。关于小令的标准，有清代万树在他的《词律发凡》中说的"钱塘毛氏"所云的"古人

---

① 曾枣庄：《姑溪居士的词论与词作》，《文学遗产》1991年2月。

定例"① 和王力先生在《王力词律学》② 中所分的类。本文就这两种分法对李之仪的词分别进行分类和统计。如下：

古人定例	小令（58字以内）			中调（58字至90字）			长调（91字及91字以外）		
60首	艳情词	相思词15首		29首	艳情词	相思词18首		5首	艳情词	相思词3首
		其他8首				其他6首				其他1首
	其他	37首			其他	5首			其他	1首

王力所分	小令（62字以内）			慢词（62字以外）		
71首	艳情词	相思词21首	23首	艳情词	相思词15首
		其他12首			其他3首
	其他	38首		其他	5首

　　毛晋、"四库"提要都认为李之仪的小令更具特色，但实际他的中、长调（慢词）也十分突出。而他的中、长调（慢词）又几乎都是艳情词，其中又以相思词为最多。从这一点，首先可以看出李之仪对柳永词的学习。此外，柳永善于"铺叙展衍"，金诤先生认为柳永"层层铺叙"，"大量地叙述情节、刻画心理、渲染气氛，把想说的一切都淋漓痛快地说尽说透，不再像别的词人那样在短小的篇章中含蓄吞吐，点到辄止"③，这些特点从李词中我们也可以看到。试看：

玉蝴蝶

　　坐久灯花开尽，暗惊风叶，初报霜寒。冉冉年华催暮，颜色非丹。搅回肠、蛩吟似织，留恨意、月彩如摊。惨无欢。篆烟萦素，空转雕盘。

　　何难。别来几日，信沉鱼鸟，情满关山。耳边依约，常记巧语绵蛮。聚愁窠、蜂房未密，倾泪眼、海水犹悭。奄更阑。渐移银汉，低泛帘颜。

---

① 转引自王力《王力词律学》，山西古籍出版社2003年版，第14页。
② 同上书，第16页。
③ 金诤：《宋词综论》，巴蜀书社2001年版，第77页。

这首词描绘了主人公在深夜思情百转的情景。首先着意于景物的描摹：灯花落尽；树叶飘零，霜寒已至；蛩吟似织；月彩如摊；篆烟萦素，空转雕盘；渐移银汉，低泛帘颜。景物如此充分地铺展，既营造了相思情境，又衬托了复杂的内心世界：年华空逝的悲哀，相思之情的深切，等待与盼望的烦乱。此外还有直接的心理描述：对别离难以忍受的感叹——"何难"，对相思情浓的表白——"别来几日，信沉鱼鸟，情满关山"，对相聚时光的怀想——"耳边依约，常记巧语绵蛮"，对满怀思情难以排解的抱怨——"聚愁窠、蜂房未密，倾泪眼、海水犹悭"。虽然"坐久"是主人公唯一的动作，但他丰富的内心活动却是李之仪着力"写尽写透"的，而且是富有层次和变化的。全词精心构置，文思曲折细密，感情缠绵悱恻，情境优美，留不尽之意于言外，而韵脚又恰与哀怨的语气十分协调，实在是一篇不可多得的佳作。

2. 学习张先，"情味有余"。

张先被欧阳修称为"桃杏嫁东风郎中"，因其词《一丛花》："沉恨细思，不如桃杏，犹解嫁东风"之句。金铮先生说："'桃杏'与'东风'而论嫁娶，于理不通；于情则可见其悲怨之深。"[1] 的确，张先词有"情味有余"的特点，而李之仪的词又何尝不是？李之仪以相思词最为着力，或许因为他在相思中感受到了更多爱情的滋味，因而也就感受到更多可以入词的诗意来。相思既然辛苦，那相见定是狂喜，相别亦是不舍，那么也应当大书而特书了，但实际上李之仪写相见与离别的词作只有几首而已，且从构思的精巧，情韵的深远来看，的确是大不如他的相思之词的。相见是狂喜的，但似乎来不及回味；相别是痛苦的，但也只是短暂的一刻，怎及相思那么千回百转，亦忧亦喜，情意缠绵。可以说他是选了最具诗情，也最能体现"情味有余"特色的相思为主题的。而他对相思情又加以了精

---

① 金铮：《宋词综论》，巴蜀书社 2001 年版，第 61 页。

心的刻画，如前所述，兹不赘言。

3. 学习晏欧等人，"风流闲雅，超出意表"。

晏欧均是身居高位的士大夫，他们的词一反晚唐五代秾丽颓靡之习，冯煦《蒿庵论词》就说欧词："疏隽开子瞻（苏轼），深婉开少游（秦观）"①，而他的《玉楼春》以"人生自是有情痴，此恨不关风与月"、"直须看尽洛阳花，始共春风容易别"的句子，于"如此沉郁低徊之柔情与洒脱爽朗之心胸交织，令人动情"②，所以王国维《人间词话》称这几句"于豪放之中，有沉着之致"③。晏殊以"无可奈何花落去，似曾相识燕归来"（《浣溪沙》）的句子"揭示出某种自然规律非人力所能扭转的哲理"，而"他的一些传统的爱情及思妇题材之词也表现出一种高远、淡雅的情趣，因此也深入到某种哲理性的高度。"④ 如《蝶恋花》："昨夜西风凋碧树，独上高楼望断天涯路"，境界阔大，激发读者的联想，王国维《人间词话》就把它作为古今成大事业、大学问者必经历的三种精神、心理境界的"第一境"⑤。晏欧作为士大夫，将他们的学识和修养、人生的境界都不自觉地带入了创作的词中，除了语言上"疏隽"，情趣上"高远、淡雅"，还在思想上达到了某种哲理的高度，可以说的确实是"风流闲雅，超出意表"。李之仪的词在这方面表现在：没有直接、暴露的色情描写，"想归来，鸾箧凤朵，倩何人卸"（《水龙吟》），写得非常含蓄、婉转；他的语句非常清雅优美，如："拥身疑有月，衬步恨无云"（《临江仙》），"绿香摧渚芰，黄蜜攒庭草"，"风花飞有态，烟絮坠无痕"（《临江仙》），实际这只是一些突出的例子，李之仪的词总体都是这样的，这也许就是《四库全书》提要评价其词"清婉峭茜"

---

① （清）周济、谭献、冯煦：《介存斋论词杂着　复堂词话　蒿庵论词》，人民文学出版社 1959 年版，第 59 页。

② 金诤：《宋词综论》，巴蜀书社 2001 年版，第 57 页。

③ 王国维：《人间词话　人间词》，谭汝为校注，北京群言出版社 1995 年版，第 22 页。

④ 金诤：《宋词综论》，巴蜀书社 2001 年版，第 52—53 页。

⑤ 王国维：《人间词话　人间词》，谭汝为校注，北京群言出版社 1995 年版，第 21 页。

的缘故吧。

4. 重视结句艺术，语尽而意不尽，意尽而情不尽。

李之仪在词论中十分强调"妙见于卒章"，从而达到"语尽而意不尽，意尽而情不尽"的效果。如："密封书锦字，巧绾香囊结。芳信绝。东风半落梅梢雪。"是无奈还是失落，抑或是年华空度的悲哀，总之确实很有余味，给人留有极大的想象空间。"寄声虽有雁，会面难同酒。无计偶。潇潇暮雨黄昏后。"（《千秋岁》）李之仪常在叙述之后，突然跳出这样一句似与前面无关的景致描写，起到一种思绪跳转的作用，去引人回味。《菩萨蛮》："五云深处蓬山杳，寒轻雾重银蟾小。枕上挹余香，春风归路长。雁来书不到，人静重门悄。一阵落花风，云山千万重。"夜深思情正浓，惟挹枕上余香以托相思。"人静重门悄"真是悲哀而掩抑，忽然一阵落花风，便云山千万重。落花风打破了沉寂，也把思情引到了万重云山之外，让思情突然不可遏制的奔涌。短短两句使词作境界高远，感情丰盈。可与"离恨恰如春草，更行更远还生"（李煜《清平乐》）相比。讲究结句，实在是李之仪词作的突出的现象。这样的词还很多。我们可以看出李之仪在自己的创作中，真是实践了自己的理论的。

5. 以民歌风味的句子入词。

这是李之仪词极富特色之处。最典型的恐怕就是他的《卜算子》了：

　　我住长江头，君住长江尾。日日思君不见君，共饮长江水。此水几时休，此恨何时已？但愿君心似我心，定不负相思意。

既有民歌的回旋往复，又有民歌的真率动人。而其他的词如"要见有时有梦，相思无处无愁。"（《西江月》）"不见又思量，见了还依旧。为问频相见，何似长相守。"（《谢池春》）取民歌语调的轻快流转，捕捉了相思情人细腻的心思，颇似口语，传达出娓娓的哀

怨之情。"却应去路非遥，今朝还有明朝。谩道人能化石，需知石被
人消。"（《清平乐》）"聚愁窠，蜂房未密；倾泪眼，海水犹悭。"
（《玉蝴蝶》）采用了民间所熟知的传说、事物，巧妙作比，有民歌的
机智与幽默，又有民歌式的夸张与率真。前者喜，后者忧，真是其
情袅袅，余韵悠悠。这些民歌式的句子，读来别有风味，而它们又
那么恰当地、微妙地传达着相思情绪。不能不说这是令李之仪相思
词别有韵味的又一特点。

　　以上几点是李之仪相思词的艺术特点，在当时以苏轼为代表的
士大夫对词进行诗化，而柳永铺叙展衍，但词语又近浅露的词坛背
景下，李之仪注意到词应具有独特的"风格"，取舍诸家之长短。以
自己的创作实践了自己的词理论。一种创作理论，从作者的创作实
践中来，又回到他的创作实践中去，这实在是再自然不过的事情了。

第三章　李之仪诗歌内容研究

　　李之仪（1048—1127），历经仁宗、英宗、神宗、哲宗、徽宗诸朝，这一时期正是北宋中期，这一时期人才辈出，是宋代文学发展的黄金时代，欧阳修等人倡导的诗文革新在这一时期取得了全面的成功，不仅"古文"取代骈文成为中国散文的正宗，并且涌现出王安石、曾巩、苏氏父子等一批古文大家。宋诗也开始自具面目，从嘉祐到元祐，形成以苏、黄为代表的宋诗创作高峰。

　　公元1085年，神宗去世，他10岁的幼子赵煦即位，史称哲宗。由于年纪太小，神宗弥留之际接受群臣的建议，让高太后听政。高太后任司马光为门下侍郎，后又迁其为左相。在司马光的推荐下，又启用刘挚、范纯仁、范祖禹、吕大防、李常、孙觉、梁焘、王岩叟、苏轼、苏辙、朱光庭、文彦博等一批官员。吕公著任尚书仆射兼中书侍郎，与司马光同为宰相，范纯仁知枢密院事。在高太后支持下朝廷对变法派展开攻击，兴起了一股清算新法之风，史称"元祐更化"。新党相继被排挤出朝，以司马光为首的保守派在高太后支持下，几乎全面地废除王安石的变法成果。元祐八年（1093），高太后病死于汴京。

　　政治上的变迁，为文学的繁荣创造了良好的契机。京城往往是文学活动的中心。就北宋元祐时期而言，旧党大量入朝，为新一代的诗人提供了在京城相聚的机会。元丰八年（也就是宋神宗去世的这一年）六月，司马光等举荐苏轼、苏辙兄弟，谓其"或以行义，或以文学，皆为众所推伏"（《续资治通鉴长篇》卷三五七引司马光言），九月苏轼便以朝奉郎除礼部郎中，十月召还，十二月，抵京师。苏轼有着过人的才华和魅力，在他的感召和提携下，身边迅速集结了一批可以同声相和、同气相求的诗友。元祐年间，苏轼利用其翰林学士知制诰，及知礼部贡举的身份，大力推荐、提携人才。元祐元年苏轼推荐黄庭坚为中书舍人，称其"孝友之行，追配古人；瑰玮之文，妙绝当世"（《苏轼文集》卷二十四《举黄庭坚自代状》）。又推荐秦观为贤良方正。先后又提拔黄庭坚、张耒、晁补之、张舜民等人得授馆职。第二年又推荐陈师道为亳州司户参军、充徐州州学教授。元祐三年，苏轼知贡举，因误以他人考卷为李廌卷，而使之落第，大为悔叹，苏轼诗集中还存有当年苏轼送李落第归家的诗，题云："余与李方叔相知久矣，领贡举事，而李不得第，愧甚，作诗送之。"诗云："与君相从非一日，笔势翩翩疑可识。平生漫说古战场，过眼终迷日五色。"懊恼之情溢于言表。

后人将那些有幸亲自问学于苏轼，受到苏轼提携和影响的一批文人学士归于苏轼门下，称之为苏轼门人。这些人聚拢在苏轼周围，互相唱和，品评诗书文字，同气相求，以各自的才华营造出一个文学创造丰富多彩、名篇迭出的创作繁荣的时期。

历代对苏轼门人称呼最多的是"四学士"与"六君子"。四学士即黄庭坚、晁补之、秦观、张耒；"六君子"是在"四学士"的基础上增加陈师道、李廌二人。"苏门"成员先是个别交游，到了"元祐更化"时期则聚集于苏轼门下。

严羽论诗，曾提出"元祐体"的概念，他还特别注明"元祐体"是"苏、黄、陈之诗"（《沧浪诗话·诗辨》）。苏、黄、陈诗其实各有特点，并没有统一的风格。苏轼《东坡题跋》卷二云："鲁直诗文如蜣蚌江瑶柱，格韵高绝，盘飧尽废；然不可多食，多食则发风动气。"而黄庭坚《答洪驹父第二书》则云："东坡文章妙天下，其短处在好骂，慎勿袭其规。"（《豫章先生文集》卷十九）陈师道则推崇

"宁拙毋巧，宁朴毋华"（《后山诗话》）的诗歌理论。

作为引领一代风骚的苏、黄、陈几位主要诗人，并没有形成统一的创作风格，而是开创了弘扬创造性的创作诗风——"元祐体"。李之仪作为时代交响乐中的一分子，其诗论也持这种贵创新的观点，他在评吴思道诗时便说"造语贵成就"。

以下对李之仪的诗歌创作将做系统的论述。

李之仪的诗可以分为如下几类，统计数量如下[①]：

古体诗		近体诗						
五古	七古	五绝	五律	五言排律	七绝	七律	六言
100首	69首	1首	50首	6首	245首	196首	13首

李之仪的诗随着内容和诗体的不同，显出多种旨趣来。

第一节　李之仪的"言志诗"

一　宋诗观念的转变——从"诗言志"到"诗者，吟咏情性"

"诗言志"是宋代诗学的一个重要命题。从北宋中叶掀起的诗文革新运动，不仅要"文起八代之衰"，更主要的是"道济天下之溺"，[②] 于是继承先秦两汉儒家"诗言志"的传统成了宋诗学自然的选择。然而宋人也认识到"诗缘情"与"诗言志"两个命题之间密切的联系。至少"情"为"言志"提供了写作的动力。徐铉（917—992）就说：

---

① 据丛书集成初编《姑溪居士全集》所收录的诗进行统计。

② 周裕锴：《宋代诗学通论》，巴蜀书社1997年版，第16页，称："宋诗学以北宋中叶开始的儒学复古思潮为其背景，所谓诗文革新运动，其意义不只是一般的文艺复兴，而是一场深刻的文化复兴运动。这场运动的口号，不仅要'文起八代之衰'，更要'道济天下之溺'。"

古人云：诗者，志之所之也。故君子有志于道，无位于时，不得伸于事业，乃发而为诗咏。（《徐骑省集》卷二三《邓生诗序》）

徐铉在重申"诗言志"的命题后，指出并不是所有内心的"志"都可以发而为诗，发而为诗的是那些现实中不得施展，呃逆于心的"志"。也就是说，"诗言志"，并不能脱离"情"的关系，当"志"呃逆于心，自然就产生了痛苦的感情，因此就要通过诗歌来表达这种志向，从而使痛苦的心灵得到平静。唐诗激情放纵，作为反题出现的宋诗，以表意为主，注重内省，比较理性，但宋人仍然不得不承认情感对人生和诗歌的根本性作用。黄裳（1043—1130）就指出：

诗之所自根于心，本于情。性有所感，志有所适，然后着于色，形于声，乃至舞蹈而后已，乌有人于其间哉？（《演山集》卷二一《乐府诗集序》）

又如徐铉（917—992）所说：

人之所以灵者，情也；情之所以通者，言也。或情思之远，郁积乎中而不可以言尽者，则发为诗。（《徐骑省集》卷一八《萧庶子诗序》）

徐铉不仅承认"情"的根本性作用，而且还认为恰恰是"郁积乎中而不可以言尽者"方发而为诗，也就是说抑郁的情感才是诗歌写作的动力。但富有理性精神的宋人通过对唐诗的反省，又要求诗歌从"缘情"之"溺"中走出来①，这成为有宋一代普遍的呼声，如：

---

① 周裕锴：《宋代诗学通论》，巴蜀书社1997年版，第16页。

> 诗非一艺也，德之章，心之声也。……要之同主忠厚而归
> 于正。（赵孟坚《彝斋文编》卷三《赵竹潭诗集序》）
> 诗所以也发性情之和。（文天祥《文山集》卷十三）
> 情之溺人也甚于水。（邵雍《伊川击壤集·序》）

志意不舒，情感动荡，导致了诗歌的产生，而诗歌又要"发性情之和"、"同主忠厚而归于正"，这便产生了内在的矛盾，解决这个矛盾的是"情性"说的提出。实际"情性"这个概念在《毛诗序》、陆机的《文赋》中均有提及，刘勰在《文心雕龙》中也强调诗歌要"吟咏情性"，但他所说的"情性"主要指"情"，因此他说"为情而造文"，认为"情者，文之经也"、"文质附乎性情"、"辩丽本于情性"、"繁采寡情，味之必厌"。宋代也不断有人论及"情性"（或"性情"），比如理学家邵雍：

> 所作不限声律，不沿爱恶，不立固必，不希声誉，如鉴之
> 应形，如钟之应声。其或经道之余，因闲观时，因静观物，因
> 时起志，因物寓言，因志发咏，因言成诗，因咏成声，因诗成
> 音。是故哀而未尝伤，乐而未尝淫，虽曰吟咏情性，曾何累于
> 性情哉？（邵雍《伊川击壤集序》）

在邵雍那里"情性"还是偏重在情上，比较动荡，但是由于它是在"经道之余"，写诗者本身就在修道，再加上"因闲观时，因静观物，因时起志，因物寓言，因志发咏，因言成诗，因咏成声，因诗成音"，观物的心态不一样，所以写出的诗，自然"哀而未尝伤，乐而未尝淫，虽曰吟咏情性，曾何累于性情哉"。

在黄庭坚那里，"情性"说无疑阐述最为完整，也最具有影响力，他不再将"情"与"性"不加区分地混为一谈，在他那里它们乃是两个彼此相别又相关的概念：

　　诗者，人之情性也，非强谏争于廷，怨忿诟于道，怒邻骂坐之为也。其人忠信笃敬，抱道而居，与时乖逢，遇物悲喜，同床而不察，并世而不闻；情之所不能堪，因发于呻吟调笑之声，胸次释然，而闻者亦有所劝勉，比律吕而可歌，列于羽而可舞，是诗之美也。其发为讪谤侵陵，引颈以承戈，披襟而受矢，以快一朝之忿者，人皆以为诗之祸，是失诗之旨，非诗之过也。①

黄庭坚重申这个概念在于反对苏轼诗歌"好骂，强调诗歌的功能不在于充当政治斗争的工具，而在于表现更为深沉的内容——情性"。"不能堪"的是"情"，而"忠信笃敬，抱道而居"的乃是"性"，以诗歌发为"呻吟调笑之声"，然后"胸次释然"，于是"性"不为"情"所牵动，"性"又复归了它的平静。

　　他还曾单独谈到"性"：

　　学问之本，以自见其性为难……故见己者，无适而不当。至于世俗之事，随人有工拙者，君子虽欲尽心，夫有所不暇。（《与秦少章观书》，《山谷集》别集卷十六）

　　由此可以看出，"性"对"情"具有规范作用，同时"情"对"性"有反作用，而诗歌就巧妙地将动荡不堪的"情"曲折地发为呻吟调笑之声，让情感在诗歌中得到释放和消解、转化，从而不碍于性的平和与稳定。如果说邵雍强调的是修道对"情性"的约束规范作用的话，那么黄庭坚则强调修道对"性"的提高作用（其实就是人的品格和人生境界的提高）和"情"通过诗歌的抒发和化解，对"性"产生得稳定作用。于是，修道与诗歌共同作用于"情"，使它

---

　　① 《豫章黄先生文集》卷二六，《黄庭坚全集》，刘琳、李勇先、王蓉贵校点，四川大学出版社 2001 年版，第 666 页。

常常能够保持中正和平的状态。

宋人继承了"诗言志"的传统，但是他们不能回避的是：诗歌中的"志"常是不能在现实生活中得以伸发与实现的抑郁之"志"，而诗歌中传达的情感也常常是一种郁结的情感，富有理性的宋人清醒地认识到强烈的感情既是好诗的催化剂，也是溺人之性的一杯苦酒。主张人生以及诗歌均应该保持一种中正和平之美成了宋代诗学的普遍的呼声。黄庭坚的情性说，既不否定情的激荡与波动以及它们对诗歌的催发作用，又强调了诗歌对情的排解、转化功能，再加上修道对"性"的提高作用，这样就合理地解决了性情归于正的问题。在黄庭坚的另一篇文章中他还提出了"不怨之怨"的理论，对"情性"说，进行了进一步的补充：

　　士有抱青云之器，而陆沉林皋之下，与麋鹿同群，与草木共尽，独托于无用之空言，以为千岁不朽之计。谓其怨邪，则其言仁义之泽也；谓其不怨邪，则又伤已不见其人。然则其言，不怨之怨也。夫寒暑相推，草木与荣衰焉。庆荣而吊衰，其鸣皆若有谓，候虫是也；不得其平，则声若雷霆，涧水是也；寂寞无声，以宫商考之则动而中律，金石丝竹是也。维金石丝竹之声，《国风》《雅》《颂》之言似之；涧水之声，楚人之言似之；至于候虫之声，则末世诗人之言似之。今夫诗人之玩于词，以文物为工，终日不休，若舞世之不知者，以待世之知者。然而其喜也，无所于逢；其怨也，无所于伐。能春能秋，能雨能旸，发于心之工伎而好其音，造物者不能加焉，故余无以命之，而寄于候虫焉。……观宗元之诗，好贤而乐善，安土而俟时，寡怨之言也。可以追次其平生，见其少长不倦，忠信之士也。至于遇变而出奇，因难而见巧，则又似予所论诗人之态也。其兴托高远，则附于《国风》；其忿世疾邪，则附于《楚辞》。（黄庭坚

《胡宗元诗集·序》[①])

黄庭坚在此文中列出了三种诗人之言：一、候虫之声；二、涧水之声；三、金石丝竹之声。候虫之声指应物斯感之言，末世诗人感觉比较灵敏，故多庆荣吊衰之言。涧水之声则指将心中的不平之志和不平之情贯注入其中的作品，如屈原的作品，恰如一路奔波的涧水，一路喧哗。金石丝竹之声则为"《国风》《雅》《颂》之言似之"，是"兴托高远"的诗人之言。此外，黄庭坚还特别注意到当今有一批诗人"今夫诗人之玩于词，以文物为工，终日不休，若舞世之不知者，以待世之知者。然而其喜也，无所于逢；其怨也，无所于伐。能春能秋，能雨能阳，发于心之工伎而好其音，造物者不能加焉，故余无以命之，而寄于候虫焉"，他们不完全属于候虫之声，"故余无以命之，而寄于候虫焉"，于是黄庭坚将他们勉强纳入了候虫一类诗人当中。他们如候虫之声能喜能忧，具有非凡的创造力和表现力，但同时他们又不似候虫一般应物斯感，"然其喜也，无所于逢；其怨也，无所于伐"，他们欣喜并不因为有所遭遇而喜；其怨也没有具体攻伐的对象，乃是"不怨之怨"（这番言论与《书王知载朐山杂咏后》当是同一口径，都是在反对如苏轼一般将诗歌作为攻伐的政治工具）。这些诗人虽有情感的怨意，却是不怨之怨。他们之所以投入地创作，是因为"若舞世之不知者，以待世之知者"，通过创作来表现自己的生命存在，这个论断确实具有普遍性，因为历代诗人精心保存刊印自己的诗作，确有生命印证的意味。"于时乖逢，遇物悲喜，同床而不察，并世而不闻；情之所不能堪，因发于呻吟调笑之声"，诗歌的意义乃在于将世人未能感知、理解的个人情感抒发出来，此外并没有什么明确的目的。

通过以上的论述，我们可以以此为经纬，在更为宏观的诗歌精

---

① 《豫章黄先生文集》卷二六，《黄庭坚全集》，刘琳、李勇先、王蓉贵校点，四川大学出版社 2001 年版，第 410—411 页。

神的背景下来观照李之仪的诗歌创作。李之仪的诗首先可以称为洞水之声，他一生仕途蹭蹬，际遇坎坷，这成为他一生的创痛，所以不管是自抒己意，还是与人赠答，他常常要把这番哀怨和志意表达出来，虽然没有屈原那么激越，但许多诗都要着此色彩，是典型的言志诗。但同时他又是候虫之声，他的诗是典型的"不怨之怨"，虽有哀怨，但绝不会将哀怨落实到具体的某人某事上。黄庭坚说："谓其怨耶，则其言仁义之泽也；谓其不怨耶，则又伤己不见其人。然则其言，不怨之怨也。"李之仪的诗歌所表现的正是这种虽有怨伤，但并不发为怨怒的"不怨之怨"。同时他还将人生悲愤的情感发于呻吟调笑之声，使苦痛得以慰藉，保持了性情的中正平和。

二　李之仪的"言志诗"

宋代诗学"选择了先秦两汉儒家诗学'言志'的传统"，"志"主要指："怀抱、志向，所言多为人生之'大道'，有关政治教化；或为人生之义理，包括入世与出世两端。"[①] 本文所谈李之仪的"言志诗"，并非指李诗有这样的一种独立存在诗体，而是在李诗中抽取有"言志"内容的诗句加以讨论。

那么李之仪的这些"言志诗"有些什么内涵呢？

（一）人生的悲哀

李之仪仕途蹭蹬，身世坎坷，人生的失意成为他诗歌的一大主题，也成为他诗歌的一个无形背景。这种对生世的感慨，有时候成为诗歌的主题，有时候会被作为非主题而提及。它在李之仪的诗中总是那么回旋往复而挥之不去。

　　　　我虽非故侯，通籍三十年。孰不夷险半，而我终岁难。
（《庄居值雨偶得十诗示秦处度》）

---

① 周裕锴：《宋代诗学通论》，巴蜀书社 1997 年版，第 15—16 页。

死生固可嗟，一谪辄不返。君恩非不深，奈尔道路远。
（《庄居值雨偶得十诗示秦处度》）

身世端自窘，岁月相奔驰。（《和人感怀》）

平生不愿与物忤，所向未始值坑谷。（《送保定钱弼违且约
相见后行》）

造物于我终何功，寓形宇宙一粟同。（《寄耀州毕九》）

李之仪对自己的身世发出了沉痛的哀叹，不断体味和咀嚼着人
生的窘迫和凄苦。

从这些诗句中可以看出人生的不得志和失意感、挫折感在李之
仪那里是体味尤其深切的。

失意的人生使李之仪常常产生一种人生劳苦、混沌的心理感受。
"搔发满爪垢，扑衣满襟尘。百年信几时，吾生苦纷纭"（《王为道东
轩，梅花、小桃，相次弄色，置酒见邀，出瑠璃盘，浸花贮酒，半
移即花，既醉，留名壁间》），"搔发满爪垢，扑衣满襟尘"，是对自
己生活状态的一种总体感觉。混乱，没有头绪，不堪言表。

而低微的官职，贬谪的经历，又常使他感到命运难以把握，人
生没有根底、漂泊无依。"文质相乘徒野史，拔山塞海终军死。早
时妄作不朽计，掇拾余疏自纲纪。跳梁螯缺固无有，白首何堪堕
牛李。……尔来蹭蹬十二年，尚向牛角惊斗蚁"（《次韵王性之见寄
佳句》），自己的才华，抱负都落空了，而到了晚年还不能逃避党祸
带来的牵连。他回忆自己"年当三十余，事事随精坚"，可是现在
"谁知今白首，狱吏辄差肩"（《读渊明诗效其体十首》），在沉痛的哀
叹中自然产生了一种人生无常，世事无常，欹零漂浮的感慨。他把
自己比作飘萍，"我老百不堪，已分入飘萍"，"凡生等飘萍，何物非
委蜕"。有时也会有愤激的情绪流露，对天理公道产生怀疑。

人生天地间仅如"尘埃"般渺小和卑微，这也是李之仪常表达
的一种感受。"造物于我终何功，寓形宇宙一粟同。由粟而形则可

物，自形而我如飘风……间关世故忧愁集，悔不相向但盲聋……何当容我作鼎足，未易归马催匆匆"（《寄耀州毕九》），岁月如流，人生如寄，个人在历史中如同微尘一粒。这本是人生的一种自然感受，但对于生世坎坷的李之仪来说，却尤其强烈。李之仪屡次把自己比作是"弃余"，是被抛弃的多余人，如："因收倦绪聊纺织，半是弃余安足喜？"（《为道见还诗因次其韵兼简孝锡》）"鼠壤狼藉多弃余，史云空悲釜生鱼"（《捻须寄传子渊》）。

在科举时代，文人由于出路狭窄，青年学子要安身立命，走向广阔的社会舞台，加入到社会生活的中心去，科举考试恐怕是唯一的出路了。李之仪经过多年的书斋苦读，顺利地通过了科举考试，于是产生了生活坦途从此展开的错觉，萌发了有所作为的雄心壮志。"何当万里浪，相与同沧溟"（《丁德儒置酒，适与陈君俞联坐，聊赋小诗，为君俞谢，因以赎先起之罪》），人的一生不应当那么默默无闻，如果能够驾长风腾万里浪，轰轰烈烈地做出一番事业，那将是多么快意于人生。"遥想公谨当年，小乔初嫁了，雄姿英发。羽扇纶巾，谈笑间，樯橹灰飞烟灭"（苏轼《念奴娇·赤壁怀古》），能够出将入相，建立功业，超越人生的有限性，实现自己人生的价值，这乃是一代又一代中国士大夫们的情结。在经过多次的挫折后他仍说："慰我云烟期，有腼鸿鹄志。"（《次韵秦处度同登黄山》）

但李之仪的人生似乎比一般的士人更为不如意。仕途生涯的挫折，使驾长风腾万里浪的声音，在李之仪的诗中成为少数，更多的是悲哀和无奈。《读渊明诗效其体十首》是李之仪的一列组诗，当时李之仪贬官后庄居家中，他悲哀的回顾自己十多年来的生活经历，"操檄乌延府，已复十五年。年当三十余，事事随精坚。非惟会兴灵，兼欲还幽燕。谁知今白首，狱吏辄差肩"，而这一被贬竟是"一跌竟不起"，想到"我闻瘴疠地，去者无生还。吾凡三十口，归来尽颓颜"，"何为堂堂十六年，子孙反无依"，人生真是惨淡得可以啊。

于是昔日的壮志沦为衣食得保的渺小愿望，做官以有所作为的理想也被求一官得保生计的卑微愿望所代替，正好像张爱玲的一篇小说所说，"这和原来的期望相差太远"，"仿佛一连向后猛跌了十来丈远"。而最终连官位也不得保了，"过从顿谢懒尤添，倦卧终朝不卷帘。晚饭都无官米气，始知身已是苍黔"。（《罢官后稍谢宾客十绝》）从这首诗不难看出来李之仪初罢官时极度的惊诧与不适应。

（二）悲哀的化解

然而作为宋人的李之仪并不会一味地沉溺于失意和悲哀中。

次韵君俞病中见寄

老眼逢春如有隔，不觉花前手频拭。
昔陪韦杜尺五天，此地去天今几尺。
东家有客贪春甚，酒作衾裯花作枕。
瘦逼休文臂渐消，渴近相如尤殢饮。
赏心直以花为命，醉头只恐扶难正。
春归每恨太忙生，不惜一春常似病。
我老无用终安之，屡欲从君独较迟。
方将结束穷胜致，投欢只许春相知。
诗来苦诉不自乐，春固恼人多索寞。
何妨强袭起应刘，间促扁舟寻李郭。
君不见乐羊功名方煜煜，归来谤书已盈箧。
争如随地任低昂，漫浪猗玗尽元结。

"昔陪韦杜尺五天，此地去天今几尺"，唐代韦、杜氏乃是当时的望族，都住在城南，宋代程大昌《雍录》卷十七云："'城南韦杜，去天五尺'以其迫近帝都。"离开京城确实使李之仪颇为失落，但结尾一句"君不见乐羊功名方煜煜，归来谤书已盈箧"，又有点吃不到葡萄说葡萄酸的味道，然而这么一安慰，心里未免稍得平衡，于是"赏心直以花为命，醉头只恐扶难正"的生活就有着"争如随地任低昂，漫浪猗玗尽元结"的自由、随意的意味了。

《庄居值雨偶得诗示秦处度》这是李之仪闲居在家时的一首诗，秦处度，名湛，是秦观的儿子，李之仪向他一掬辛酸之泪。"一身百忧集，况可计先欢"，"我虽非故侯，通籍三十年。孰不夷险半，而我终岁难"，已到秋收时节，而又连日雨下不止。"满眼多是水，岁事从可知。早时未有余，今空未免饥"，眼见"累日雨不止"，"向晚风斗转，场上稻已芽。问雨何薄相，偏来戏吾家"，诗人的心中是焦虑的，担心收成不好，一家人便衣食无着。在结尾作者是这样安慰自己的，"啜菽安暮年，足以免绝突"，写尽了内心的凄苦后，也只能安于现状，衣食尽管简陋，但起码可以免去官场的倾轧与争斗，转而一想，又何尝不是一种解脱呢？

归隐是李之仪常吟咏的主题，"爱山平生心，殆若鬼所魅。兹游愧不早，危至失吾事。……跻攀敢惜力，卜筑岂无志。稽首定明老，愿借一席地"（《处度再和前诗见寄，复次韵报之，顷有所约今不逮，怆无已，题于褒禅方丈》），"幸尔违朝市，聊复图蕙帐。薄田几负郭，山水分背向。巾车俯秋成，舒啸会随杖"（《次韵陈君俞携酒见过》），但在失意的境况下，归隐、田园就有了化解悲哀，让困苦的心灵暂得栖息的意味了。

又如：

> 文质相乘徒野史，拔山塞海终军死。
> 早时妄作不朽计，掇拾余疏自纲纪。
> 跳梁缺甓固无有，白首何堪堕牛李。
> 冥行触柱犹欲前，布袜青鞋从兹始。
> 春风矗头问时鱼，莫雨洲中吟白芷。
> 迩来蹭蹬十二年，尚向牛角惊斗蚁。
>
> （《次韵王性之见寄佳句》）

自己的才华荒废了，抱负都落空了，到了晚年还不能逃避党祸带来的牵连。但接下来作者以大量的笔墨描述自己优雅清新的乡间生活和自己创作的快乐。最后他将人生的失意归咎于天命，这未尝不是一种心灵的解脱。

古东门行

> 元鼎元年东有兵，未央催班不待明。
> 龙骧虎步拥旄出，蚁蚁部曲随鸣钲。
> 三千珠履皆上客，囊中有锥谁为发。
> 莫歌雌兔眼迷离，长城可倚知在谁。
> 千羊不如一狐腋，草底寒虫漫啾唧。
> 两口四目未必智，天下奇才余星坠。
> 舟中指可掬，冀北马群空。
> 漆身吞炭为国士，射足接处谋已同。
> 义感丹诚虹贯日，坛上成功方顷刻。
> 纵有明珠千丈长，安能保得头常黑。

这首诗以"纵有明珠千丈，安能保得头常黑"，以人终有一死，来消解富贵功业的意义，亦是化解苦难的一种方式吧。

（三）叩问人生、叩问历史的哲学高度

随着李之仪对命运的悲叹从自己身上引向了对整个历史以及对历史人物命运思考的时候，李之仪的诗歌就有了更为宏阔的眼光，有了叩问人生，叩问命运，叩问历史的高度。人的命运因何改变？人生的意义在哪里？人生的方向在哪里？是李之仪经常探讨的问题。

次韵参寥杜孝锡

> 君不见深山穷谷千丈潭，悬崖绝壁倒挂松。
> 雷霆雨电有时一洒遍八极，繁霜雪霁能邀夜月来高穹。

又不见江头龟手洴澼絖，裂地得侯终有逢。

长安大雪几千尺，高卧不愧衣玲珑。

揖人而相若反掌，登天有路非难通。

天之可上势或便，得相乃在须臾中。

朝冠貂蝉暮徽纆，曲肱何在三千钟。

方东遽北安足究，岂异海舶随狂风。

舞雩归咏吾与点，坐中客满谁知融。

屹屹杜夫子，灵芝翳深丛。

百年转盼皆腐朽，且将逸驾聊与同。

我惭圭觚刺人眼，空向霜天望飞鸿。

　　李之仪对因勤奋努力、才干过人而为世所重的观念发生了怀疑，"立贤本无方，莫为陈言欺"（《和人感怀》）。在回顾了历史人物的兴衰际遇后，他提出"天之可上势或便，得相乃在须臾中"，形势有利，机遇恰当才是成功的关键，"一朝召命至，闾里增光辉。不曰人可贤，但从外物移"。

　　人生问题是没有答案的，命运究竟是由人来把握，还是由天地来注定，谁又能说得清楚呢，但试图解释命运、把握命运难道又不是人的一种永恒追求？俄狄浦斯与命运对抗，最终没有战胜命运，但他以自我放逐的形式反抗命运，体现了人类与命运不屈不挠地进行抗争的悲剧精神。而这正是希腊悲剧中常见的主题。或许我们感觉到李之仪的这若干首诗，完全可以由陈子昂的"前不见古人，后不见来者。念天地之悠悠，独怆然而涕下！"（《登幽州台歌》）所包含，但宋人毕竟是宋人，他的理性更为发达，因此对命运的叩问，也就远不是一种混沌的悲怆感就可以打发，他们的思理更细致。面对坎坷的命运，李之仪的不平之气和哀伤感特为浓厚，所以他要在不断的叩问中来解脱自己，安慰自己，让自己在与诗歌的对答中找到人生的支点，获得一些人生的"自持"与

"自适"①，而就诗本身来说，诗情的精心酝酿，诗章的仔细构划，诗艺的精心锤炼，又何尝不是一种游心其中而使自己达到忘我状态的游戏，诚如李之仪所说当十分投入地完成艺术创造后，"适当庖丁善刀后，但见满纸银钩连。心眼手笔俱不用，拟向底处观其全。思量不可到，此地无中边。政似观澜亭上夜深后，满空白月孤光悬"（《兼江祥瑛上人能书，自以为未工；又能诗，而求予诗甚勤，予以为非所当病也，为赋一首勉之使进于道云》），创作诗歌成功，是一种惬心的满意，是一种连自己也不敢相信的创造，这种创造多么辉煌，如澄江静夜中一束明亮的月光，照耀着心田，使自己的心灵变得如江水和月光般澄澈和静谧。李之仪说"我非知诗者，平昔窃好之"，又说"吾人惟能诗"，难道不是一些自负的流露？

（四）人生的选择

然而不管诗人的眼光有多么高远，总归还是要注意脚下实际的道路，即使到了他所谓的"迟暮已许同松竹"的时候，李之仪的入世热情也并没有熄灭。"君方抚掌笑我迂，物理循环同一局。有来则受去莫追，忍看纷纷自鱼肉"（《送保定钱弼违且约相见后行》），虽然看破世情，但他依然希望得到提拔和引荐，"青云有路谁引目"，"而来投迹间诸彦，白雪每容参下里。何殊溺者得尺素，聊谢其翁徒洗耳"，"一片萧韶送天下，游遍华胥如唤起。从此修途可问津，岂复龙头与蛇尾"（《为道见还诗因次其韵兼简孝锡》），一旦那些达官贵人（诸彦）接受了李之仪的交接，对于他来说无异于溺水之人得到了救助，虽然只有"尺素"，但已足以救他于水火之中了，那些古代隐士们德行高洁的做法，对于改变他的生活处境来说，实在是无补于事的。而这些实际的救助李之仪似乎看到了更为光明的前途，以至于他相信"从此修途可问津"了。在《又次子椿同君俞三诗》

---

① 　参见周裕锴《自持与自适：宋人论诗的心理功能》，《文学遗产》1995 年第 6 期。

中追求现实功利的思想就更为赤裸了"柱头寂寞千年鹤,波面分明一点鸥。不向虚中问消息,磻溪终老但垂钓",清高自守的柱头鹤只能寂寞千年,而波面飞翔的鸥鸟才能那么鲜明和活跃。"磻溪"乃是姜子牙周武王之前垂钓之处,据《武王伐纣平话》①说:西伯侯夜梦飞熊一只,来至殿下,周公解梦谓必得贤人,后果得贤人姜尚。"虚中问消息"即指此事。李之仪说如果不是"飞熊入梦",姜子牙终其一生,也只能在磻溪钓鱼。显然李之仪并不相信"是金子总会发光"的大道理。"未信此生真野马,且将余日寄江鸥。崎岖精卫人空笑,终恐长鲸上直钩",而李之仪也曾这样说过:"出门蹢直寻君居,万里付与千里驹",我只能挂着拐杖寻找你的家门去串串门,就这样了此一生了,那些鸿鹄之志都让那些千里驹去实现吧。这真让我们惊叹于人性的复杂和多变了,也让我们感谢李之仪写作的真诚了,但这或许就是真实的人生。在晚年李之仪又作出了一次人生选择。编管太平(当涂)后,他以自己出色的文笔给"宰执"们写了大量的书启、贺表。在给宰执的书信中多有对自己凄苦生活的描写,从而希望求得宰执们的怜悯,比如:"方其来时,一妻、一女、子与其妇。并身而六,相继哭之"(《上宰执手简》)"某衰悴,且复拙于养生。而又傍无资助,故家食日少,而农务之力多"(《上时宰手简》),同时,对宰执又极力地巴结和奉承,他称蔡京说"鲁公忠义,皎如星日"。这些作为使李之仪确实得到了一些好处,不仅两次复官,而且得脱元祐党籍②。

他也曾有人格的坚守,诗:"东坡因地夙相亲,玉局终为继戴人。禄仕岂知承末轨,恩光又许袭前尘。青蝇附翼元非援,白玉无瑕晚更真。泉下有灵应首肯,不随凡劣易缁磷",赵鼎臣曾称赞他说:"如端叔之徒,始终不负公(苏轼)者,盖不过三数人。"(赵鼎臣《竹隐畸

---

① 见(元)无名氏《武王伐纣平话》,豫章书社 1981 年版。
② 见傅嘉豪硕士学位论文《李之仪交游考论》(宁夏大学,2004 年 11 月)所考,该论文收录于网络万方数据。

士集》卷二十《书杨子耕所藏李端叔帖》）而为范纯仁整理遗表，写行状也是他一生颇为璀璨的一页。然而到了晚年，居于当涂，生计艰难的时候，或许"我不能拯救世界，但我至少能够拯救自己"的想法开始起了作用，南宋的吴芾《姑溪居士文集·序》说："或曰端叔晚节锐于进取，有所附丽"，作为少数几个依然在世的苏轼的门人之一，李之仪受到了青年学子们的追随，但与权贵的如此交接，客观上不能不产生坏的影响，也给李之仪清贫自守，坚守道义的一生涂抹上了不光彩的一笔。然而沧海横流，瑕不掩瑜，毕竟李之仪见证了八十多年的历史，他是盛极一时元祐文学的一员，他参与到丰富的社会生活中去，与朋友们通过诗笔记录着也见证着人生和历史，他们游戏于诗歌也生存于诗歌。李之仪在生活的欢乐和痛苦之余，总是把诗歌当作最为亲近的朋友，用诗歌记录下了他的心灵轨迹。

第二节　生存状态的品味

李之仪没有将自己的诗才投到广大、丰富的社会生活中去，在他的诗中没有家庭生活的场景，也极少涉及社会的变迁，表现对现实的关怀，甚至几次贬谪、入狱，也只是事后才偶尔提及。自然景象，他可以写得十分精彩，但在他的作品中也是极少出现，在他的诗中更多表现的是自己的心理现实以及他的生存状态。

试看：

常爱东坡"去年花落在徐州，对月酾歌美清夜。今夜黄州
见落花，小院闭门风露下"二诗因即其韵，聊寄目前
　　　　其一
老来不惯离家久，独卧一庵今八夜。
抵搔十爪垢已满，降伏千魔心未下。
荧荧病眼日更昏，皎皎孤怀谁与泻。

恨无鸾帐与谁俱，独有筇枝伴身亚。

华严性海偶深味，兜率陀天聊复借。

平生好书陋颜柳，近日作诗几沈谢。

百年旅梦行将觉，万里家园犹未舍。

妄缘傥或未尝胆，佳境安得如食蔗。

从来少味燕偏知，早已忘机鼠休怕。

行当遂作重屏图，阘茸凡材任讥骂。

（原注：世图白老谓之重屏图）

在一个离家八夜，独卧一庵的晚上，李之仪细细品味着自己生活的滋味，他感觉到自己生活状态的混沌——"抵搔十爪垢已满"；无人可诉怀抱的孤独；"平生好书陋颜柳，近日作诗几沈谢"，自负才高，但"百年旅梦行将觉，万里家园犹未舍"，人生已到暮年，而人生的心愿依然未了的淡淡遗憾。在反省中，他感到自己经过了这么多生活的磨砺，早已"忘机"而"少味"，在未来的日子里，任由生活继续磨砺。表现出那么些伤感和麻木，又有那么些坦荡、无所畏惧的意思。这首诗在表现手法上也是独特的，不同于盛唐诗人借意象来折射心灵世界，而是心灵世界的直接表述，心理感受以议论的方式进行表达。

李之仪关注自己的生活状态和自己的内心体验。这与宋人的内省精神①以及他的生活经历密切相关。一次次的贬谪，使他体会到生活的苦痛滋味，不得不设法使自己得到安慰和解脱。为了适应痛苦尖锐的角，他的感觉变得麻木了一些、迟钝了一些。在他的诗中没有特别激烈的感情，他的感情是过滤过的，多为懒懒的意绪，淡淡的失意。他屡次称自己为衰翁："如何四君子，肯顾一衰翁"（《昨日偶到北观，蒙君俞、元载、元发、明叔，惠然见过》），"亲知遥怅

---

① 见周裕锴《宋代诗学通论》，巴蜀书社 1997 年版，第三章中"不囿于物的内省态度"一节所论述。

望，应是转衰翁"（《灯下试婺源杨生笔和韵》），"今日闭门常静坐，始知身世已衰翁"（《试陈瞻墨十绝》），"帘波不动地无尘，久与相亲燕雀驯。似怪衰翁长静坐，时时回眼辄疑人"（《学书十绝》），"我老无用终安之，屡欲从君独较迟"（《次韵君俞病中见寄》）。李之仪又有很多诗将自己描绘成呆若木鸡的形象，"主人意弥敦，设置不少停。而我槁木然，感慨时自惊"（《丁德儒置酒，适与陈君俞联坐，聊赋小诗为君俞谢，因以赎先起之罪》），"中朝若问姑溪老，但道摧颓一木鸡"（《送人入馆阁》）。在磨难面前，李之仪把自己描绘成一个有点迟钝和麻木的衰翁和木鸡形象，或许这些话解释了原因："何年纪渚子，相向犹木鸡。肝肺已自镂，土苴非所知"（《次韵鲁直留别》），痛苦已使"肝肺已自镂"，不如看破世情，在磨难中以木鸡的形象岿然不动。

李之仪诗中流露的情绪常常不够激烈，色彩不够鲜明，没有特别的欢喜，也没有特别的苦痛，是些默默流露出来的忧伤和默默地对忧伤的化解，他有诗云："充实信我美，千仞宁我高"（《中隐庵次赵德孺韵》），但如此充实的诗情和心境在他的诗中是少见的。

不过李之仪也描写过欢乐时光，尤其是在晚年隐居当涂时。在李之仪忧患的一生中，这的确是他十分难得欢乐的时候，他自己就说：

> 自触骇机，上蒙恩贷，迁之善地，假以余生。方逮系之初，骇闻中外；及既行之后，孰不叹嗟？才辞缧绁之艰，遽揽溪山之胜，实畴昔愿到而不可得，岂羁累所在而辄见投？出处不疑，人人略无少间；循习既久，种种靡不相宜。所赖者，方时善类之尤亲；所得者，昔人陈迹之可见。遂使六年之久，不殊三组之归。殆此序迁，出于望外，求其冒昧，亦有端倪。此盖某人先辈，气识曲敦，矜怜俯逮，察其介而不僻忘其老以奚为。每至游从之闲，过辱吹嘘之重，淄渑何辨，要乃同流，笙磬各音，终成合奏，致兹屏陋，更得褒扬。载搜子建之波澜，宛若燕公

之黼黻。字字有据,如古人特为推排;表表愈工,非衰绪所能窥测。但惊口角之流沫,又如笔下之生风。用谨家传,永为文格。(《又谢仲辉》)

到了当涂后,他感到"才辞缧绁之艰,遽揽溪山之胜,实畴昔愿到而不可得","出处不疑,人人略无少间;循习既久,种种靡不相宜",与周围的环境达到了难得的和谐,他用"迁之善地,假以余生"、"殆此序迁,出于望外"的语言来表达他的欣喜之情。而此时诗歌创作也达到了一个十分自如的境界,"载搜子建之波澜,宛若燕公之黼黻","但惊口角之流沫,又如笔下之生风"。在这种情况下李之仪的诗表现了难得的喜悦。

试看:

藏云山居

鸟语晚更好,山风秋转凉。心闲日自永,簟冷梦尤长。

赤荐新春稻,清添旧荫香。此身归有地,去路尚何妨。

这首诗是李之仪在当涂所写。"此身归有地,去路尚何妨",人生似乎终于找到了归宿,充实而快乐。这首诗在写法上情景交融,是唐风的回归。

李之仪的诗是他心灵的避难所,在诗中他品味着自己的生存状态,用诗来抚慰自己的心灵。他说:"所以得黾勉,吾人惟能诗。我非知诗者,平昔窃好之。每出每可愧,未易皆坛笫"(《和人感怀》)。诗是伴随李之仪一生的,他用心地作诗,时常有欣喜的创获,"平生所愿识荆州,别乘还容接胜流。异日崩腾惊海面,新诗清绝似槎头。常嗟盛事千年隔,谁谓余光一旦收。便觉时源得三昧,目中无复有全牛"(《次韵东坡和滕希靖雪浪石诗》)。

李之仪在诗歌中表现着自己的生存之感,有时候,这种感受表现得十分微妙和富有诗意，如：

> 饮散留别，希仲自江州倅罢归，壁间挂庐山图，
> 约为象戏，终席不果，又约明日而才彻，余遂行
>> 密雨着地三四尺，斑驳云开日已西。
>> 坐来指点经行处，问我何年别虎溪。
>> 十分酒到一举尽，笑我强饮如登梯。
>> 灯火荧荧夜未艾，回首但觉峨眉低。
>> 今朝未食先破赵，明日凭熊欲下齐。
>> 门外马嘶独未起，据鞍才许趁鸡啼。

下了一天雨，主宾大概都有点意兴阑珊了吧。看窗外云影如鱼鳞，碎碎地铺在傍晚蓝色的天空上。有人过来和我聊天，指着壁上的庐山图，问我都去过哪，又问我，我是哪一年离开虎溪①的，这些不经意的提问显得多么亲切和自然。把酒倒得满满的，我就一饮而尽了，那人笑说我喝酒的时候滋味一定不好受吧。灯火荧荧夜还没有太深，我回头一看，正见到壁上所挂图中高峻的庐山，顿觉峨眉山之低，这一回头是随意的一回头，又是别有会意的一回头。"今朝未食先破赵，明日凭熊欲下齐"，分别用韩信在井陉破赵军②和郦食其游说齐王③的典故，这里将下象棋比作指挥军队

---

① （宋）陈舜俞《庐山纪》云："流泉匝寺，下入虎溪。昔远师送客过此，虎辄号鸣，故名。"（宋）祝穆《方舆胜览》卷二十二云："虎溪，在彭泽县南三十五里有桥，远师送客不过此桥。李白诗：东林送客处，月出白猿啼。别笑庐山去，何烦过虎溪。"

② 《史记·淮阴侯列传》："夜半传发，选轻骑二千人……（韩信）令其裨将传飱，曰：'今日破赵会食。'"（第八册，第 2616 页）。

③ 熊，指熊轼，作熊形的车前横轼。凭熊指靠着车轼。《史记·郦生陆贾列传》："淮阴侯闻郦生伏轼下齐七十余城。"凭熊就是"伏轼"的意思，是"伏轼"的文学性说法。《唐诗纪事》卷二十三吴筠《览古诗》十四首之一："食其昔未偶，落魄为狂生。一朝君臣契，雄辩何纵横。运筹康汉业，凭轼下齐城。既以智而达，还为智所烹。岂若终贱贫，酣歌本无营。"

打仗。门外马在嘶鸣，好像催促我走，可我没有起来，我最终还是骑上马，迎着就要出现的晨光和鸡啼回家去了。全诗表现了欢乐热闹后，疲倦和落寞中的恬静之感。李之仪创造出了独特的诗情和诗境。这首诗写法上情、景交融，同时通过记叙事情，来表现微妙的心境。

此外，他有一些诗作，遇事而发，即事而作，好像一篇篇短小的日记，记录着生活事件，也记录着瞬间真实的感受，最能表现他轻灵活泼的心地。《食笋二首》便是这样两篇佳作。

食笋二首

其一

燕雀初为友，烽烟近卜邻。不嫌千语聒，只怕一笼新。
病眼常如睡，归心喜似人。柈餐犹见笋，未省已无春。

其二

疏帘不碍日，缺甃宛如塘。默坐千名佛，忘形一炷香。
卷中贪味永，镜里任颜苍。饮后才推枕，逡巡又夕阳。

春日的自然洋溢着生机，作者虽病，但亦享受着春天带来的缕缕倦意，"柈餐犹见笋，未省已无春"，还见到笋似乎意味着春天还没有离去，然而稍一反省，却发现春天已经悄悄地过去了。第二首"饮后才推枕，逡巡又夕阳"，在春天，享受着生活的恬然倦意，而后微略感到一点焦虑。揭示了微妙的心理感受。

题李钦之承事宅

松竹庞公宅，丘坟倚相家。和声敦雁序，秀色茂兰芽。
鲁秉方如昔，淮流讵可涯。踌躇不欲去，寒日任西斜。

写那点不忍离别的眷恋之情，有情有景。

离宣城

倦客登舟际，江城欲暮时。恨长山自远，心速棹归迟。
村市明渔火，严城起鼓鼙。诗成真有助，新月上天涯。

记录了离开宣城事后的情景和那急欲归去的心理感受。

夜行巩洛道上

夜久露华重，寒鸦不肯栖。月推银海上，斗过玉绳西。
风脱林衣瘦，山擎云帽低。流萤三四点，趁队过前溪。

此诗以格外生动的笔触记录了夜晚动人的情景，显示出自然一片谐
和的感受。自然以感受写之，人事亦如此，且看：

昨日偶到北观，蒙君俞、元载、元发、明叔，惠然见过

胜日欣相得，旷怀谁与同。如何四君子，肯顾一衰翁。
林杪收残雨，檐牙递好风。归时不须问，更待月如弓。

自大乘将游汤泉道中

迢迢山路永，漠漠晓风昏。雨歇鸠呼妇，年丰稻有孙。
旅怀悲暮齿，野饭寄前村。只恐今宵梦，凭谁续断魂。

　　李之仪这样的诗作实在是很多，而且多以律诗或绝句出之。一
事一感，展现着心灵的悸动，也丰富着人生的内涵。
　　自然景物和人的和谐生活之间，似乎存在着天然的律动，李之
仪一写到自己比较欢乐、和谐的生活时，自然回归唐风，采用情景
交融的手法。难怪，伍晓蔓在《江西宗派研究》中写道："境句、意
句之别，对应着唐宋诗的分野。从审美经验的角度，境句的创作对
应着人与社会、与自然的和谐关系，具有景对情、人对物的程序化
倾向；而意句却生于诗人与世界的紧张感，凸现诗人的主体意识，

具有强烈的个性化特征。"①

第三节　李之仪的唱酬赠答诗

李之仪的唱酬赠答诗包括唱和诗、赠答诗、赠别诗和宴会上的唱酬之作。赵以武先生在他的《唱和诗研究》②中指出：唱和诗产生于东晋末年，南北朝至盛唐，唱和诗均和意而不和韵。在李之仪生活的时代唱和诗多以次韵诗的方式出现，但也有和意之作。唱和诗自然也可作赠答之用，此外，李之仪还有一些以"赠"字表明赠答之意的赠答诗，如《赠刘九思山人》，另外还有送别诗，因为它有明显的诉诸对象，也可称为赠别诗，包含了赠答的意思在里面。

李之仪唱和、赠答的对象多是友人，他的一些诗，抒写了与友人之间深厚的情谊。在尚意的宋诗中，更注重情感的传达，是李诗中最为动人的诗篇。

李之仪对既是老师又是朋友的苏轼感情很深，他评价苏轼"风波末路方奔屯，屹然不动谁如尊。岂知胸中皎十日，顾盼不接无重昏。东观海市俯弱水，南登赤壁凌江村。斯文未丧天岂远，出没狐鼠徒千门。"（《次韵东坡所和滕希靖雪浪石诗古律各一》之古诗），高度的评价了苏轼的人格价值，无论多么偏远荒芜的地方，只要苏轼在那里，就会把"斯文"（文明与士风）带到那里。

在《次韵东坡还自岭南》一诗中，李之仪满怀崇敬之情、心酸之泪，表达了对苏轼的无限深情："凭陵岁月固难堪，食蘗多来味却甘"对苏轼在岭南的生活进行了高度概括，困境之中依然乐观；"时

---

① 伍晓蔓：《江西宗派研究》，巴蜀书社 2005 年版，第 86—87 页。"境句"与"意句"是（宋）释普闻《诗论》提出的，原文见于（元）陶宗仪《说郛》卷七十九，张宗祥重校《说郛三种》第 6 册，上海古籍出版社 1988 年版，第 3672—3673 页。据伍晓蔓解释"境句指写境之句，一般是借景物的描写寄寓诗人的情绪、体悟、感受；意句就是上文所述以意领起的诗句。"（见《江西宗派研究》第 86 页）

② 赵以武：《唱和诗研究》，甘肃文化出版社 1997 年版。

雨才闻徧中外，卧龙相继起东南"表现东坡的回归对中原士人巨大的鼓舞作用；"天边鹤驾瞻仙袂，云里诗笺带海岚"，李之仪热切地期待着东坡的归来，天边鹤驾、云里诗笺，是想象中的情形，传神地表现了崇敬和盼望的心情。"重见门生应不识，雪髯霜鬓两尨尨"，想象师生相见时百感交集的情景。唐诗是因景生情，宋诗是因情生景，这首诗便是。虽是一首次韵诗，不仅格律尽合，而且自铸新意，情意交融，有种动人的力量。

《观东坡集》是李之仪在东坡去世后所写，"今朝又读东坡集，记得原州鞫狱时。千首高吟赓欲遍，几多强韵押无遗。固知才气原非敌，独有心期老不欺。泪尽九原无路见，冰霜他日看青枝"，深情地怀想曾经如何投入忘我地赓和苏诗，可是如今物是人非，已无路得见故人，于是倍增伤感。

李之仪一生交游广泛，他曾主动地与苏轼、陈师道等人交接，作为苏轼门人，他与黄庭坚、秦观、晁补之、李廌等人都是好友，而且均有诗作唱和往来。李之仪还结交了僧人、隐士，他还有许多寮友。朋友们的友情是李之仪忧患生涯中的亮色，难怪他以那样生动的笔触来加以描摹，以那样感激的语言来加以表达。

李诗中与储子椿唱和之作最多。《送储子椿参假太学时泊舟金陵风亭》是一首送别诗，"与君已是来年别，相逢又作临分语"，长久离别后仅可短暂地相聚，表达了对朋友的牵挂和不舍。《毛诗序》云："情动于中，而形于言，言之不足故嗟叹之，嗟叹之不足故永歌之，永歌之不足，不知手之舞之，足之蹈之也"①，"感君情重故可歌，送君心折不成舞"两句巧妙化用情动于中，而形于外的意思，把情意表达得十分深切。"五年相从如一日，物物讲评穷发缕"，五年相从，仅如一日；评论世事，透彻、细致，可见二人过往之密，交情之深厚。"爱君正如鞲上鹰，畏君何翅文中虎。未饭已知必下

---

① 　郭绍虞主编：《中国历代文论选》第一册，上海古籍出版社1980年版，第63页。

赵，凭轼会观终报楚，逡巡照眼绿袍新，更约十分同一举"，对储子椿的才能由衷地爱赏，又祝愿他鹏程万里。

《赠刘九思山人》以异常生动的笔触，描述了刘九思对诗人的情谊。"我行亦偶然，君来定何谓。风高浪如山，闻者亦已畏。而君从一叶，过我乃特地"，以朴实的语言记述刘九思山人听说"我"偶然来到这里，不顾浪高如山，坐一叶小船特意来看"我"之事。"邮亭六日俱，临行尤自愧。朝出才辨色，夜归或沾醉。残灯不见人，待我独忘睡。语款多破颜，情极几屑涕"，在邮亭相聚仅六日，但自己早出晚归，"残灯不见人"写刘九思山人苦苦地等待。当李之仪终于回来，刘九思山人的谈笑又是多么忘情：时而欢快地一笑，时而又动情地哭泣，细节动人，于一笑一哭之间显出刘九思质朴而动人的友情。"屈指再相从，便作新井计。我担既弛肩，君驾亦方税。不觉涉四年，俯仰才一喟。每见意每加，终始不少替。顾匪求名顽，岂不怀此义。凡生等飘蓬，何物非委蜕。为我谢故人，随方聊自慰。"好友不能长相聚，自己的仕途又如此坎坷，惜别之情与生世之感交融，更增伤感。

《次韵陈君俞携酒见过》也写了老友相聚的动人场面："吾友真可人，轻舟数相访。投怀失枯槁，达意信摇荡"，陈君俞经常乘船来访，二人气味相投，谈到酣畅，兴趣盎然处，因年迈而枯槁的面容，这时候也突然生动活泼起来，洋溢着生机和活力。"时哉固难得，触境沉波浪。谓我来岁寒，种种不少创。杯盘挽气类，论辨极户量。敢辞屡举白，自喜老弥壮。回头易陈迹，倾倒乃惘怅。乐事须勉旃，何适非酝酿"，老友相聚，在杯盏相酬间，互相宽慰着，勉励着。

与友人会面如此，而离别后，思念又是多么深沉，如：

上人偶作十日留，才别便觉如三秋。应觉拥炉华藏客，不知对雪姑溪愁。

清诗字字吟可老，冷日悄悄谁见投。愧我霜鬓不用剪，寒

灰拨尽欲何求。(《与珪元白相别之次日大雪,火边有怀其人》)

属意几回真入梦,欲来常恨涩如湾。家程岂复嗟留滞,物外何妨且往还。(《次韵子椿金陵相会诗》)

李之仪的这类诗客观上歌咏了友情,此外,李之仪还常以这类诗向友人吐露心声,感慨生世,表达志意。如:

次韵君俞病中见寄

老眼逢春如有隔,不觉花前手频拭。
昔陪韦杜尺五天,此地去天今几尺。
东家有客贪春甚,酒作衾裯花作枕。
瘦逼休文臂渐消,渴近相如尤殢饮。
赏心直以花为命,醉头只恐扶难正。
春归每恨太忙生,不惜一春常似病。
我老无用终安之,屡欲从君独较迟。
方将结束穷胜致,投欢只许春相知。
诗来苦诉不自乐,春固恼人多索寞。
何妨强袭起应刘,间促扁舟寻李郭。
君不见乐羊功名方煜煜,归来谤书已盈箧。
争如随地任低昂,漫浪狺玗尽元结。

春天来了,可是"我"却是一副老态,连眼前的花都看不清,情不自禁地想把眼睛擦拭得清楚一些。唐代韦、杜氏乃是当时的望族,都住在城南,宋代程大昌《雍录》卷十七云"'城南韦杜,去天五尺'以其迫近帝都。"两句诗,"昔陪韦杜尺五天,此地去天今几尺",含蓄地说自己仕途不得意。"瘦逼休文臂渐消,渴近相如尤殢饮。赏心直以花为命,醉头只恐扶难正",在赏花和贪酒的生活下掩盖的是人生不得志的不满。

李之仪还以这类诗表现与朋友或寮友的赠答之谊，如："铅椠异时森杞梓，功名他日看虹蜺"（《送人入馆阁》），祝愿对方仕途畅顺。"十年朝马问前程，晚作琳宫物外人。彻骨清风真有韵，醉心常德本来淳。新栽松菊开三径，旧检方书备六陈。不是诗翁形美颂，丹青难写自由身。"（《和郭功甫赠陈待制致仕二首》其一）赞美对方的才能、品格。

李之仪有许多唱和诗，正如周裕锴先生所说："苏轼文人集团的唱酬诗也与前人不同，句法、押韵和用典等方面都显示出鲜明的交际性质"，"元祐时期的大量唱和，则几乎都按照诗人'我'（吾）与酬赠对象'君'（公、子、汝、先生、公子）之间的关系的模式展开，独白变成了交谈。作者在诗中如何处理'我'（自己）与'君'（他人）的关系。既要对朋友作出得体的应酬，无论是赞扬、勉励，还是劝慰、调侃，又要恰当地表现自我意识，无论是自许、自勉。"①李之仪这样的带有交际性的唱和赠答诗还很多。比如：

> 新诗解人颐，秀若披云鬟。突然不可揖，平地翻波澜。
> 褰衣愧招携，每见辄汗颜。况兹天际游，物理知难攀。
> 一来金陵居，终岁不得闲。胜践固畴昔，欲往独见删。
> 命驾等人尔，底事独我悭。岂非勒移灵，不许污名山。
> 因诗想其人，爱来直仍弯。裂脐那复惜，顿足已滞顽。
> 清甘似可饱，忽遽谁其还。何当强扶老，寄迹云霞间。
> 要须君意果，莫遣我盟寒。晓来雨脚断，去梦已班班。
>
> 《和游一人泉》

这首诗主题是"游一人泉"，李之仪并没有去，于是由"褰衣愧招携，每见辄汗颜"写起，写自己虽然经邀请，但未能同游一人泉，

---

① 周裕锴：《诗可以群：略谈元祐体诗歌的交际性》，《社会科学研究》2001年5月。

接下来写自己的归隐之志和归隐不得的悲哀；同时，李之仪还反复写到对方："新诗解人颐，秀若披云鬟。突然不可揖，平地翻波澜。"赞美对方游一人泉之诗写得好，"因诗想其人，爱来直仍弯"由诗的美好，想到作诗之人的美好。独白变成了交谈，既谈到自己，又恰当赞美对方，使这首诗表现出交际的性质。

　　李之仪还有一些宴会上的宴饮唱酬诗，如《甘露堂歌》，"炎天熇熇如涌汤，使君置酒甘露堂。无风但觉冷彻骨，坐来仿佛飞青霜"，主人为宴会提供了一个好的所在；而自己则是"八十里叟感盛事，献颂请名相激昂"；对于宴会的主人，则云"吾君之泽不可象，使君之惠何可忘。才高名重偶暂屈，遗爱他日逾甘棠"，吹捧之意可见，最后自然的以"但知今日不易得，纵不能饮须空觥"结尾。充分发挥了"诗，可以群"的功用。

　　李之仪就这样在与友人的诗歌酬答中寄托着人生，感受着人生，实现着人生。

第四节　李之仪的题画诗

　　题画诗，在杜甫那里有了很大发展，杜甫总共写了十九首，他的题画诗对画面内容的描写占了相当的篇幅，通过描绘画中事物来强调画面的真实感，突出画家高超的艺术技巧，此外还写由画引起的联想，表达对现实的关怀。到了宋代，苏轼二百多首，黄庭坚一百多首，在宋代形成了一个强大的题画诗写作传统，苏黄对画面的内容关注不多，关注更多的是画外的东西：画家的人品，诗人与画家的关系，甚至诗人与画的收藏者或题跋者的关系。① 周裕锴先生在《诗可以群：略谈元祐体诗歌的交际性》② 一文中认为，这是因为苏

---

　　① 参见［美］罗讷德·埃根《题画诗：苏轼与黄庭坚》，莫砺锋主编《神女之探寻——英美学者论中国古典文学》，上海古籍出版社1994年版。

　　② 周裕锴：《诗可以群：略谈元祐体诗歌的交际性》，《社会科学研究》2001年5月。

黄的题画诗具有交际性质的缘故，画家、收藏者、题跋者乃是作者的酬赠对象。与苏轼关系颇为密切的李之仪受这种风气的熏染，也开始做题画诗。李之仪的题画诗受杜甫的影响更大些。更加注重画面内容的生动描绘，由此展示画家高超的艺术技巧。

李之仪有十二首明确标示为题画的诗：《题杨子仪虎图》、《题王子重出李成所画山水》、《观子重钟隐鸡鹰图就借传本画乃文康旧物》、《内侍刘有方畜名画，乃内、虢国夫人夜游图，最为绝笔，东坡馆北客都亭驲有方敢跋其后，既作诗，以相示，时欲和而偶未暇，今阅集得诗遂次其韵，以申前志》、《壁间所挂山水图》、《次韵东城所画郭功甫家壁竹木怪石诗》、《故人李世南画秋山林木平远三首和韵》、《再和观画三首》等。

此外，《画鸭》、《画鹅儿》、《画鹅》三首诗，是吟咏三幅画鸭画鹅的画，亦可看作是题画诗；另外，还有一些题扇诗：《题画扇》、《题画扇》、《画夫子扇》、《题郭熙画扇》、《惠崇扇面小景二绝》；写屏风的诗：《书罗氏屏风四绝》；此外还有人物画赞，这些诗均与画有一定关系，但还有别的因素。

本节主要讨论十二首明确标示为题画的诗。

《题杨子仪虎图》虽是题画诗，但对画的内容只提及"披图画如生，竟轴诗尽选"，全诗讲的是一个秋日黄昏，有人拿来了一幅图，主要写作者喜出望外、爱不释手的心情。

内侍刘有方畜名画，乃内虢国夫人夜游图最为绝笔。东坡馆北客都亭驲有方敢跋其后，既作诗，以相示时欲和而偶未暇，今阅集得，遂次其韵以申前志
天街雨过花满窗，万人壁立惊游龙。
飘飘衣袂欲仙去，宝鞭遥指蓬莱宫。
真人睡起春才柳，谁眷琵琶最先手。
合欢堂里谢使人，暗香犹带天阶尘。

宛然相对若可语，笔墨顿失当时痕。

开眼成今合眼古，回头自有来时路。

长风破浪真快哉，快处须防倒骑虎。

此诗乃和苏轼《虢国夫人夜游图》，在诗的结构上也有仿照的痕迹，前十句写画的内容，后四句讽咏，如苏轼最后四句为："人间俯仰成今古，吴公台下雷塘路。当时亦笑张丽华，不知门外韩擒虎。"（《虢国夫人夜游图》）① 而李之仪则曰："开眼成今合眼古，回头自有来时路。长风破浪真快哉，快处须防倒骑虎。"

这首诗先写图中虢国夫人夜游的动人情景：新雨刚过，天街如洗，鲜花满窗，围观的百姓拥挤如壁，接着主人公出场了，只见她衣袂飘举，恍若仙人，她骑着马，持鞭遥指。这幅画实在太生动了，以致令人产生了"宛然相对若可语，笔墨顿失当时痕"的幻觉。这些都侧面写出了画作神貌毕现的艺术效果。最后笔锋一转，对这件虢国夫人权倾一时的历史事件加以讽咏。

壁间所挂山水图

老骥无能空在闲，苜蓿既饱思行山。

谁知尺幅分向背，恍如百里随跻攀。

云烟漠漠心共远，草树阴阴日将晚。

一声幽鸟隔前溪，万古回春来叠巘。

凉风仿佛飞清霜，奉身九折忍王阳。

嗟我胡为不自爱，逐物颠倒轻余光。

爪罹活计知何日，相对无言搔短发。

芒鞋竹杖清自在，皎皎吾心真匪石。

---

① 曾枣庄、舒大刚主编：《三苏全书》，集部《苏轼诗集》卷二七，语文出版社 2001 年版，第 342 页。

《壁间所挂山水图》开首就以"老骥无能空在闲，菖蒲既饱思行山"写起，虽为题画诗，实借题画来抒发忧闷，表明心迹。"一声幽鸟隔前溪，万古回春来迭嶽"写的是壁上画的内容，实际上写的是画上美景激发起了内心的生机和活力，唤起作者不甘寂寞、不甘时光庸庸碌碌流逝的感情，"嗟我胡为不自爱，逐物颠倒轻余光""芒鞋竹杖清自在，皎皎吾心真匪石"，由上下文推测，显然作者并不安于幽居无事，而想往有所作为。

观子重钟隐鸡鹰图就借传本画乃文康旧物

千年老木根半拔，叉牙枯枝斗金铁。

苍鹰见鸡岂复舍，伺隙必拿将雷掣。

鸡知不免怖且死，铜嘴窥鹰反噪聒。

阴风惨惨天为改，杀气凭陵欲翻海。

画工已证三昧因，造化精神智能采。

江南山水多异人，遁迹往往随风尘。

等闲应现非一化，流落终为绝世珍。

王公盛德天下归，想见乾兴天圣时。

进贤退佞乃所嗜，不使异趣侵毫厘。

喻公为鹰固不可，排击奸邪力尤果。

开图凛凛毛发惊，滞蔚顿摅如破锁。

公孙胜致有余风，十年净土常相同。

拟借传摹应见从，意欲因画时见公。

诗歌一开始描写画中鸡鹰对峙的紧张情势，"画工已证三昧因，造化精神智能采"，是对画家高超艺术的赞美。"王公盛德天下归，想见乾兴天圣时。进贤退佞乃所嗜，不使异趣侵毫厘。喻公为鹰固不可，排击奸邪力尤果"，是由画联想到公"排击奸邪"的功绩，这样由画写出了画外人的品格。

实际上李之仪的这些题画诗，一般都要描写画中内容，给读者造成身临其境之感，侧面表现绘画技巧，同时，又不拘限于绘画本身，而是联系到收藏者的品格、历史的讽咏、自己生活的感触等内容。而《次韵东坡所和滕希靖雪浪石诗古律各一》之律诗，更表现了这种善于联系的特点。这首诗所咏的雪浪石乃是哲宗八年苏轼贬知定州后在后园中发现的一块奇石，这石头黑质白脉，中涵水纹，展示出若隐若现的山水画卷，李之仪的这首诗实际就是把雪浪石当作一幅画来写。且看《次韵东坡所和滕希靖雪浪石诗古律各一》之古诗：

> 次韵东坡所和滕希靖雪浪石诗古律各一（之古诗）
> 风波末路方奔屯，屹然不动谁如尊。
> 岂知胸中皎十日，顾盼不接无重昏。
> 东观海市俯弱水，南登赤壁凌江村。
> 斯文未丧天岂远，出没狐鼠徒千门。
> 纶巾羽扇晚自得，已闻漠北几亡魂。
> 由来好趣入造化，地灵特出云涛根。
> 生平到处苦再历，隐隐似有展齿痕。
> 玻璃镜里万象发，金粟堂中千偈论。
> 会须白玉漱寒水，更借落月倾金盆。
> 咄嗟菱溪成底物，混沌空夸窍凿存。

从题目看，这首诗乃是一首和作，它借雪浪石写苏轼，全诗充满了奇思妙想。诗开头："风波末路方奔屯，屹然不动谁如尊。"可以看作在写雪浪石不动如尊，也可以看作苏轼在末路奔波中，"岂知胸中皎十日，顾盼不接无重昏"，动荡的生涯和坎坷的命运并没有使他陷入痛苦而不知所之的境地。相反他借贬谪，历览胜迹，"东观海市俯弱水，南登赤壁凌江村"。在偏僻荒远的贬所，"斯文未丧天岂远"，苏轼走到哪里，就把文明和士风带到哪里，这是对苏轼的精神质量高度的赞美。"纶巾羽扇晚自得，已闻漠北几亡魂"，又写出了苏轼的悲哀，生命流逝，却不能有用于时。接着写到雪浪石"由来好趣入造化，地灵特出云涛根"，又马上联系到苏轼，"生平到处苦再历，隐隐似有屐齿痕"，真是奇思妙想，把石与苏轼的生平结合起来写，在石上小小的方寸之地看到苏轼的奔波劳苦，上面分明还印着他屐齿的痕迹，雪浪石成了苏轼人生踪迹的一个象征。全诗不离于石，又不囿于石，借小小一方石头，写出了丰富的内容，涵盖了苏轼的一生，构思精巧，情丰意美。难怪李之仪在《次韵东坡所和滕希靖雪浪石诗古律各一》之律诗中全然不谈雪浪石，而称自己"便觉诗源得三昧，目中无复有全牛"。显然李之仪对自己这首古诗是十分得意的。这首诗写出了苏轼的品格，是通过对雪浪石的联想写出来的。

这是李之仪比较特殊的一首"题画诗"，从中可以看到他借画景，巧妙构思，将种种联想熔铸在一处，达到了不即不离的效果。

第五节　李之仪的题记诗

李之仪有相当数量的题记诗，这和作者的漫游、交游的经历有直接的关系。他的题记诗主要可以分为如下三类：

一　对历史人物有关的建筑的题记

李之仪有丰富的漫游经历，访古览胜，并有所题记，是十分自然的事情。对历史人物李白，李之仪表现出极大的关注和同情，他称李白为"吾家谪仙"，不仅因为是同姓，更重要的是因为李白的身世触动了李之仪自己的身世之感，使他产生了惺惺相惜的同情心。因此他对与李白有关的建筑的题记诗写得最为动情和出色，甚至达到了一种古今交感的效果。

如：

谒李太白祠

爱君独酌板桥句，想君不向稽山时。

千载风流同一辙，孤坟数尺埋蒿藜。

文章误人岂当日，声名虽好终何为。

譬之花卉自开落，又如时鸟啼高低。

行吟漫葬江鱼腹，鹏来空赋予何之。

君不见吾腰耻为小儿折，或车或棹聊为期。

又不见嬴颠刘蹶不到耳，采花摘实相维持。

春寒漠漠青山路，厚颜已觉归来迟。

一廛尚冀容此老，与君朽骨分东西。

　　这首诗首先表达了对李白由衷的热爱，"爱君独酌板桥句，想君不向稽山时"；接着便开始感慨李白的一生，李白曾希图在政治上有所作为，但此番志意终归落空。在李之仪看来"文章误人"，"声名虽好终何为"，李白执着于诗歌创作，以为诗名可以助他成就政治生命，就在这样的希望与梦想中度过了一生，转头一看才知道仅是自己天真的想法，诗歌创作仅仅是"譬之花卉自开落，又如时鸟啼高低"，换句话说诗歌只是诗人脆弱敏感丰富的心灵世界的表达而已，对于政治生命的实现是没有多大意义的。而了悟这番道理时，已经一回头成百年身了。想到昔日学诗的热情，对自己好文章的自得，真如梦寐一般。李白打动李之仪的另一个方面是他身上"清高"的气质。那些得势之人，虽然曾经飞黄腾达，盛极一时，但也随时光流逝而消逝了，"君不见吾腰耻为小儿折，或车或棹聊为期"，保存人格的自由和完整，似乎就显得格外重要了。李之仪十分欣赏李白风流洒脱的动人品格，试看：

秋日游青山访太白墓二首

潦倒忘衰日，风流袭垫巾。未能分朽骨，还此把余尘。

吊古无千载，伤心为一颦。依稀如到眼，气类信吾人。

淹时苦炎暑，此日遇初秋。旧籍存千亩，彝伦咏九畴。
但能寻旷荡，何必事深幽。未愧辽东笑，真成知北游。

"但能寻旷荡，何必事深幽"，如果有条件去寻找旷荡，放浪自己，使自己笑傲于人世间，那又何必去蝇营狗苟，奔波于官场。仕途蹭蹬的经历，使李之仪十分向往潇洒自由的人格和人生境界，李白就成了他这样的典范。

李太白画像赞

举目一世空无人，当时何有高将军。
龙骞凤翥固莫群，晴天万里惟孤云。
冥冥何地非埃尘，我欲从之嗟此身。
形容不到浪自分，坐令鲁叟悲获麟。

画赞一般专写人物，但李之仪对李白感情太深了，他情不自禁地表达了追随的意愿，"冥冥何地非埃尘，我欲从之嗟此身"。李白自视甚高，"举目一世空无人"，因此，怎会将高力士这样的人放在眼里；"龙骞凤翥固莫群，晴天万里惟孤云"，李白才能出众，品格孤高，难与一般的俗人成群。"坐令鲁叟悲获麟"，李之仪为李白志意落空而伤感，难免不带着点同病相怜的味道。

李太白赞

龙不可收，虎不可缚。矫矫世路，彼自清浊。
醉遣脱靴，孰贵孰贱。弄月沧波，万顷一线。
图画如好，虽曰糟粕。对之超然，鲸尾欲捉。

对李白高迈，自由人格的精神进行了赞美，"龙不可收，虎不可缚"，李白人格精神独立自由，如龙虎一般不可束缚；"矫矫世路，彼自清浊"，人世纷扰，但他却在其中保持了自己的清白；"醉遣脱靴，孰贵孰贱"，想昔日醉酒，让高力士为他脱靴，在人格上，李白高贵，而那些得势一时的权贵卑贱。

采石三题之捉月亭　李太白

我昔扬帆下庐阜，落帆采石春欲暮。

江南江北只见山，欲识锦袍无问处。

夜深明月来青天，天水茫茫月连雾。

想见扁舟捉月时，江心见月如相遇。

醉魂不制月可捉，捉得便将天外去。

月在人亡天莫诘，仿佛风流谁与晤。

迩来水落洲渚出，隔岸潮回疑可步。

聒耳啁啾不得闻，对案腥臊难下箸。

多情禅客饶佳趣，粉饰余光扶坠绪。

欲回古月换今人，到此翛然忘世虑。

从来喜诵骑鲸句，亦复买田相近住。

会当载酒十分圆，同指虚无问征路。

这首诗是李之仪的得意之作，据李之仪《跋采石三亭诗》称："或者谓我诗之遂题破此寺矣。"这首题记诗，李之仪写了与李白的一番神交，由于充分地融入了自己的感情，因此十分动人，达到了古今交感的效果。"想见扁舟捉月时，江心见月如相遇"，由于心灵上高度贴近和神往，竟然产生了与李白相遇的幻觉，李白似乎近在咫尺；于是"醉魂不制月可捉，捉得便将天外去"，这是李白浪漫精神的高度写照，又带着作者无限的追问：那个百年前捉月而去的醉魂真的超脱于这个世界了吗？他真的得到了自由了

吗？接下来"会当载酒十分圆，同指虚无问征路"，是对李白精神的一次皈依，尽管问征路于虚无，本身包含着浓重的悲剧感。李之仪在现实的压迫下，有着追求自由的愿望，他将这种愿望寄托在李白身上了。

李之仪还在许多题记诗中融入了对自己生平际遇的感触。《赏咏亭袁彦伯》中："岂意接心期，赏叹如云龙"，是对历史上一次盛遇的赞叹；"一弃一流落，悠然会天工。始知盛衰际，遇与不遇中"借古人而感叹自己。

李之仪的这类题记诗还有个内容就是表现对昔日盛事的向往和追寻，如《题兰皋》。

二 对友人亭、阁、轩等建筑的题记

李之仪交游很广，他为友人的亭、阁、轩等建筑写了题记诗，这类诗，由于是私人建筑，所以笔墨主要落在主人身上，写主人的生活，借此表现主人的情趣、品格，同时点明亭榭厅堂命名的原因，明显带有一定的交际性。

题訾老小轩

高步毗庐顶上身，旋开窗牖外风尘。
石菖蒲是从来友，龙焙茶为近日亲。
不见同行木上座，常留伴睡竹夫人。
艰难历尽无余事，问佛方知有此因。

此诗，中间两联交代訾老的日常生活，"不见同行木上座，常留伴睡竹夫人"一联，出自苏轼"留我同行木上坐，赠君无语竹夫人"（《送竹几与谢秀才》）。"竹夫人"乃古代消暑用具，又称青奴、竹奴，编青竹为长笼，或取整段竹中间通空，四周开洞以通风，暑时置床席间。这两句描述主人平常与人交往很少，清静度日。"石菖蒲是从来友，龙焙茶为近日亲"写其高雅、淡泊的生活。第一联写出主人的形象：颇似毗庐（毗庐舍那之省称，即大月如来；一说为法身佛的统称）；尾联交代主人之所以有这种生活方式的原因。这首诗，作为一篇小轩的题记，笔墨的重点是主人的生活方式，借此也表现了主人的情趣和品格。

澄虚堂

公子高明悟劫灰，鼎开轩语致幽怀。

萦云叠嶂镜天去，极目沧波入坐来。

千首诗成谈笑里，百分酒尽筦弦催。

自怜曾是高堂客，欲赋惭无宋玉才。

这首诗描写了澄虚堂内的一次盛会，先以公子的高怀雅致来写座中人士均为不同凡响之人，也表现了此次盛会高雅的情趣。"萦云叠嶂镜天去，极目沧波入坐来"，描述窗外令人忘俗、开人胸魄之景象，为盛会的描写蓄势。"千首诗成谈笑里，百分酒尽筦弦催"，直接描写盛会高雅而热闹的场景。最后落笔在自己身上，以自谦无作诗之才，枉为高堂之客作结。全诗以"澄虚堂"为题，记录的却是堂中曾经的一次盛会。但侧面却可以借此盛会表现出主人高雅、好客的品格，以及澄虚堂优雅的环境。

题韦深道寄傲轩

南窗何似北窗凉，寄傲来风各有方。

千古光辉如昨日，一时收拾付新堂。

已惊盏里醅初绿，更觉篱边菊渐黄。

就使主人官即显，此门高兴定难忘。

陶渊明《归去来兮词》有"倚南窗以寄傲"之语，故韦深道以

"寄傲"名其轩，所以此诗开首即有"南窗何似北窗凉，寄傲来风各有方。千古光辉如昨日，一时收拾付新堂"之语，"已惊盏里醅初绿，更觉篱边菊渐黄"两句，继续用陶渊明典①写寄傲轩的景致，表现主人高雅的情趣。最后两句交际性质明显，在祝愿主人官位亨显时，不忘称赞主人即便官位亨显，而志行依然高洁。

三 借题记，记录了一段难忘的回忆，委婉地传达出某种情愫

题白纻山

回见黄梅雨后天，烟林常在笑谈边。

早时欲到不自果，今日初来端有缘。

无复新声传玉齿，空余残照满金田。

不知谁是云霞侣，聊揖高风一怅然。

《寰宇志》云：白纻山在当涂县城五里，本名楚山。桓温领妓游山，奏乐，好为《白纻歌》，因改为白纻山。历史上歌咏和描画白纻山的诗人和画家不在少数。李之仪饱含深情写下了这首诗，诗中蕴含的感情缠绵深长，耐人寻味。首联回忆往昔：黄梅雨后的晴天，在薄雾萦绕的烟林中常与佳人漫步笑谈。颔联交代此后多次怀想，欲到此地凭吊旧日时光，而现在终于来了。一段逝去的光阴，虽然昔人昔景早已不在，却屡屡想来凭吊，如此辗转，显出了感情的曲折。"无复新声传玉齿，空余残照满金田"，且看今日，金田布满夕阳辉煌的光照，何其动人，但昔人已不在，作者空落怅惘之情可见。"不知谁是云霞侣，聊揖高风一怅然"，昔人已逝，想

---

① 陶渊明因有诗"采菊东篱下，悠然见南山"（《饮酒》之五），后人将他与菊联系了起来。而陶渊明喜饮酒，有诗《饮酒》二十首，另外还有许多与酒有关系的诗。

往将来，谁又是那个可以陪我共度时光的"云霞侣"呢？不禁怅然不已。

这首诗描写昔日，情境优美；又写此后岁月中每每感念此番情景；而今重到旧地，景色绝佳，而昔人不在，遥想将来又迷惘无知。全诗情境优美而感伤，是一首颇有情调的好诗。

李之仪诗歌内容小结：

李之仪似乎并没有对现实世界加以评述的强烈愿望，因此他诗中也没有表现出广大而丰富的社会现实。寥寥几首带有悯农意味的诗，也只是谈及天旱无雨，期盼天公下雨而已，如《久旱湫舍殆不可遣兔一夕雷雨忽作》云："粤从腊雪后，旱魃苦自明。焦枯病三农，芽田不滋容。陇亩久坼裂，几席绕蝇虻。"毫不涉及尖锐的社会矛盾和敏感的现实问题。他诗歌的内容主要集中在两个方面：（一）在诗中品味着自己的生存状态，用诗来抚慰自己的心灵。（二）大量的唱和赠答诗，体现了游戏性和竞技性，发扬了诗可以群的社会功用。在这些诗中，叹老嗟贫之句触目可见，又多沦落下僚的不甘和对坎坷生世终日耿耿于怀之情，"老来肺腑都荆棘，顿欲蓐锄不计程"（《次韵君俞四首》其一），"悲来徒有萦心泪，情尽空惊满眼尘。到得谁无真我辈，一箪犹是作家贫"（《次韵君俞兼简少孙六首》），"书空懒作咄咄语，催老只怪驳驳来。断梦已将愁共远，离魂不觉泪惊回"（《次韵君俞兼简少孙六首》）；这些诗句局限在个人的小圈子里，将悲哀、烦乱的心绪翻来覆去，絮聒不已，读来每每令人气闷。终不能从对个人命运的哀鸣中跳脱出来，另辟诗意的新世界。因此总体看来，李之仪对诗歌的丰美之意的酝酿似嫌不够。

对民生、政治内容的逃避固然可以免于"诗歌好骂"的弊病，但是没有这种深切的关怀，也就没有大济苍生的胸怀和人生境界；缺少高迈的人格修养和人生境界的追求，诗歌就会完全的降落在人世的凡尘中。诗歌之所以存在，难道不也是因为它可以提升人生境界，使人在凡尘之中，也可以看到天国的光辉？

因此，从诗歌立意的来看，李之仪有自己的特色，但总体来说由于人生境界狭小，因而在诗意的新、奇、深、曲折、丰富、精微等方面没有达到很高的造诣。

第四章 李之仪诗歌艺术研究

第一节 以议论为诗

一 "以议论为诗"的内涵

"以议论为诗"是严羽在《沧浪诗话》中批评和总结宋诗的主要特点时提出来的,当代学者对"以议论为诗"大致有两种理解:

1. 用诗歌来"发议论,讲道理"①。这是学术界最通常的理解。如:李元洛先生说:"议论,是论文的灵魂。雄辩的论文,总是以真切而透辟的说理,征服人们的理智。"②又如程千帆先生认为:"韩愈以及追随他的宋人以古文立论之法入诗,只是踵事增华,并非自我作故;同时也只是扩充了诗歌的议论成分,而非只在诗中说理,不在诗中抒情。韩愈及宋人的许多含有议论成分的好诗,无一不是抒情与说理非常巧妙的融合。"③

2. 也有学者将直抒胸臆,直接抒发感情归入其中。如:"诗人对其主体思想、情感、认识、道理等的直接抒发","比如:牛峤之'甘作一生拼,尽君今日欢',顾琼之'换我心为你心,始知相忆

---

① 阎琦:《韩诗论稿》,陕西人民出版社 1984 年版,第 168 页。
② 李元洛:《诗学漫笔》,《以议论为诗与以议论入诗》,花城出版社 1983 年版。
③ 程千帆、巩本栋编:《俭腹抄》,《关于以议论为诗》,上海文艺出版社 1998 年版。

深’，这些句子都是王国维认为‘专作情语而绝妙者’”。(《苏轼诗歌研究》)① 这主要是因为唐诗相对于宋诗更侧重情景交融、意象和情趣的交融，而直抒胸臆、直接抒发感情在宋诗中更多一些。

其实，严羽所说的“以议论为诗”的含义应该更加侧重于第一种。比如明代李梦阳就认为：“宋人主理，作理语。诗何尝无理！若专作理语，何不作文而诗为耶？”② 显然认为议论说理是宋诗的特点，显然这里的“议论”并不包含直接抒情的意思，而且学者们对宋诗的批评也正是认为宋诗议论，故离性情远，比如叶燮《原诗》云：“有谓唐人以诗为诗，主性情，于三百篇为近；宋人以文为诗，主议论，于三百篇为远。”③ 但直抒胸臆更容易发表议论，这是对的，比如苏轼的诗：“人皆养子望聪明，我被聪明误一生。惟愿孩儿愚且鲁，无灾无难到公卿”(《洗儿戏作》)，既在直抒胸臆，又在发议论。

其实，要细致、明确的分清楚诗歌的哪一部分是记叙、议论，还是抒情，往往是不现实的。比如：“朱门酒肉臭，路有冻死骨”，从字面上看是叙述，但是在强烈的对比中，又可以感受到作者的议论。而且宋代诗人常常在记叙的句子中也要加入议论的成分，比如：“我行亦偶然，君来定何谓。风高浪如山，闻者亦已畏。而君从一叶，过我乃特地。邮亭六日俱，临行尤自愧”(李之仪《赠刘九思山人》)，边叙述，边评论，不似“林暗草惊风，将军夜引弓。平明寻白羽，没在石棱中”(卢纶《塞下曲》)，从字面上看，完全是客观描述。

再看李之仪的一首叙事诗：

培灌以助其发戏成小诗三首

其一

京洛三十年作客，每见梅花欲忘食。

---

① 王洪：《苏轼诗歌研究》，朝华出版社 1993 年版，第 123 页。
② 《空同集》卷五二《缶音序》。
③ (清)叶燮：《原诗》，《原诗 一瓢诗话 说诗晬语》，人民文学出版社 2005 年版。

时时魂梦到江南，足迹尘埃来不得。

嗅香嚼蕊不忍舍，为怜绝韵真颜色。

谁知晚得江南身，特此一株当舍北。

寒根老柃初不辨，几与桑榆同弃掷。

殷勤地主故指示，顿觉翛然超眼域。

几山气候也深春，戢戢枝头危欲坼。

呼奴邻家借刀斧，穿断因之聊拂拭。

便宜邀月作嘉宾，不惜淋漓慰畴昔。

此诗可称为叙事诗，因为明显可以看出事件的进程和变化，但这种叙述与杜甫的《兵车行》"车辚辚，马萧萧"的记叙方式完全是两样，在记叙之外加入了自己的评述，因此更恰当的说是种"表述"，而非单纯的记叙。

诚如周裕锴先生所说："其实，'以议论为诗'就不能看作'元祐体'的特长，因为尽管苏诗有此突出倾向，而黄、陈之诗却似乎难以当此"，以议论为诗的是苏轼，而黄、陈则不是。[①] 宋诗里的确有大量比较纯粹的"以议论为诗"的诗歌，如苏轼的一些诗歌。但宋诗还有一个明显的特点，那就是虽不议论，但以"表意"为主，或者说是"表达型"诗歌。葛兆光在《从宋诗到白话诗》中称之为表达情感与意义、语序完整、意脉清晰的表达型诗歌[②]；也有学者将之称为"表意"的文字。其实"表达型"与"表意"基本是一回事，"表达"只不过是"表意"的方式而已，对于宋人来说表达的主要是"意"，而非"情"，"情"常隐于"意"后，从而达到情意交融的效果。

宋诗的表意文字恰要突出"意绪"，而不是像唐诗一样堆积意

---

① 王水照主编：《新宋学》第一辑，上海辞书出版社 2001 年版；周裕锴：《元祐诗风的趋同性及文化意义》。

② 葛兆光：《从宋诗道白话诗》，《文学评论》1990 年第 4 期。

象，埋没"意绪"。释普闻（1140 年前后在世）《诗论》中认为黄庭坚"桃李春风一杯酒，江湖夜雨十年灯"（《寄黄几复》）两句，"大凡颔联皆以意对，春风桃李，但一杯而已，想象无聊婆空为甚；飘蓬寒雨十年灯下，未见青云得路之便，其羁孤未遇之叹具见矣。其意句亦就境中宣出。桃李春风，江湖夜雨皆境也。昧者不知，直谓境局，谬矣"①。"境句"宋人尚可化为"意句"，更何况宋诗中还存在大量的虚字，这些字更强化了宋诗表意的意味。宋人把这类"非标示物象、动作或性质的虚词，如副词、连词、介词等等"② 叫做"活字"，罗大经说：

> 作诗要健字撑拄，要活字斡旋，如"红入桃花嫩，青归柳叶新"，"弟子贫原宪，诸生老伏虔"。"入"与"归"字，"贫"与"老"字乃撑拄也。"生理何颜面，忧端且岁时"，"名岂文章著，官应老病休"。"何"与"且"字，"岂"与"应"字，乃斡旋也。撑拄如屋之有柱，斡旋如车之有轴。文亦然。诗以字，文以句。（《鹤林玉露》甲编卷六《诗用字》）

周裕锴先生认为在一首诗中，这类虚字的"斡旋"作用实际上就是起到了"贯穿意脉的逻辑作用"③。"逻辑关系"自然强化了宋诗"表意"的特征，这类诗句在宋人诗歌中比比皆是，单以李之仪的诗句为例：

> 才闻浮鸥来波上，已见牵羊出石头。（《金陵怀古二首》）
> 虽非腰重真骑鹤，犹胜途穷强泣麟。（《和人见寄》）

---

① （宋）释普闻：《诗论》，见（元）陶宗仪《说郛》卷七十九，张宗祥重校《说郛三种》第 6 册，上海古籍出版社 1988 年版，第 3672—3673 页。
② 周裕锴：《宋代诗学通论》，巴蜀书社 1997 年版，第 521 页，对"活字"的总结。
③ 同上书，第 521、523 页。

　　拥炉虽有味，琢句苦难成。（《子重见过夜话》）

　　舒啸款谈虽可想，赏风吟月终未闲。（《失题九首》）

　　气候相催虽迅速，笑歌赢得暂招携。（《失题九首》）

　　恃险战争休想旧，凭高临眺且论今。（《金陵怀古二首》）

　　自非终贾名偏重，只恐蓬瀛到却迷。（《送人入馆阁》）

　　闻道程文太超轶，却因诗句接光辉。（《庄居寄友人》）

　　似泛灵槎海边去，却因华表鹤归来。（《归自钱塘伏蒙君俞特枉佳句钦叹不已聊赋来韵》）

　　未必萦回能擢胜，却疑平远解供愁。（《堤上闲步二首》）

　　已分余生不如旧，却应佳句渐能新。（《次韵君俞兼简少孙六首》）

　　这些诗句，因为这类虚字的作用，在阅读理解时，都不得不将之纳入一种逻辑关系中去。而这种"活字"甚至可化描述性句子为表意文字，如李之仪的诗：

　　　　与珪元白相别之次日大雪火边有怀其人
　　　　上人偶作十日留，才别便觉如三秋。
　　　　应觉拥炉华藏客，不知对雪姑溪愁。
　　　　清诗字字吟可老，冷日惜惜谁见投。
　　　　愧我霜鬓不用剪，寒灰拨尽欲何求。

　　这首诗写"大雪火边有怀其人"的情景：大雪天拥炉思友，满怀愁思；此时日色清冷，无人来访，只能吟诗以度时日；又转念叹息自己的衰老，最终拨弄炉中灰烬，消遣愁思。从诗中可见情景历历，但由于虚词的使用"应觉"、"不知"、"可"、"谁"、"不用剪"、"欲何求"等词语，化描述性句子为表意文字。又如："已惊盏里醅初绿，更觉篱边菊渐黄"（《题韦深道寄傲轩》），化静态景物的描写为表达一定心理感受的"意句"。

如果硬要以"以议论为诗"来概括宋诗,尤其是"苏黄陈诸公"诗,那么称为有"议论味"更为准确。下面这些话恰当地诠释了宋诗的这种"议论味":"艺术表现上,唐诗善写景,多自然物象的展示,少主观述说和知性的辨识,不作判断语,无论是'有我之境'还是'无我之境',人物形象都融于诗境之中,物我难分,情景交融;宋诗则重视对人称、时间、地点等时空位置作客观的说明性、分析性的表现,在知性引导下,向人解说事件,陈述经验,描写情景,是站在诗境之外的人物形象的理性反省,是知性的判断。"① 所以说"以议论为诗",既指宋诗那些议论明显、集中的诗,也指宋诗普遍具有的一种"议论味"的诗歌。

李之仪的诗歌"以议论为诗"就呈现这两方面的特点。常常议论里有记叙,记叙中有议论,"议论味"十足;此外,还有些诗直接发议论,论述充分,以议论为主的诗篇,以下就重点论述李之仪这后一类诗作。

二 李之仪"以议论为主"的诗歌

李之仪诗歌中以议论为主的诗,有论点,论据,甚至论证的过程,俨然一篇小小的议论文。这些诗主要是一些古体诗。

1. 论题

这些诗的论题集中在以下几个方面:

(1)岂意接心期,赏叹如云龙。

他向往的是像袁彦伯一样受到知遇,"岂意接心期,赏叹如云龙"(《赏咏亭》),自己的才能被真正的伯乐发现,并获得激赏和重用。因此袁彦伯的典故在诗中就屡次出现,如:

---

① 阎福玲:《在比较中把握宋诗特质及意义》,《河北自学考试篇》1998年第8期。

分明月下遇赏叹，将军新自天边来。(《和郭功甫游采石》)

天门直牛渚，南北如相分。想君月下吟，未厌偃语闻。(《送人》)

(2) 啜菽安暮年，足以免绝突。

既然仕途不显，隐居生活也自可安享时日，免去冲突。如：

不见乐羊功名方煜煜，归来谤书已盈箧。争如随地任低昂，漫浪猗玗尽元结。(《次韵君俞病中见寄》)

安时逐境姑委化，随缘致力聊为邻。(《甘露堂歌》)

(3) 始知胜衰际，遇与不与中。

个人名位的亨显，不在于才能过人，而在于一次难逢的巧遇，从而得到任用、提拔。如：

君不见深山穷谷千丈潭，悬崖绝壁倒挂松。雷霆雨电有时一洒遍八极，繁霜雪霁能邀夜月来高穹。又不见江头龟手洴澼纮，裂地得侯终有逢。长安大雪几千尺，高卧不愧衣玲珑。揖人而相若反掌，登天有路元非难。通天之上势或便，得相乃在须臾中。(《次韵参寥杜孝锡》)

高明属在人，惟要须其时。物理固如此，了不差毫厘……一朝召命至，闾里增光辉。不曰人可贤，但从外物移。我贤君亦贤，谁能穷是非……立贤本无方，莫为陈言欺。(《和人感怀》)

(4) 千载瞬息尔，转盼归虚空。

时光飞逝，一切荣华富贵皆转瞬即逝，化为虚空。值得注意的是李诗中这个话题一再地被议论。如：

"君不见黄金栋梁回首蠹,漠漠胡沙青冢暮。么弦欲断空自知,千金漫买长门赋。膏油续尽天须晓,石土余垒可长保。"(《雷塘行》)

"又不见,三千珠履春申君,十年天禄扬子云。极目平原草萦骨,秋月春风愁杀人。五湖归去辨之蚤,击鼓撞钟犹恨少。险语缓丝一剑休,九衢相视空草草。荆州万里控上流,歌舞翻风甚飞鸟。回首苍梧隔暮云,南狩不归何可叫。……宁人负我无负人,咄咄老瞒徒四目。直弦易断曲未终,凤髓难容断谁续。白首胡君到孤独,在何分金齐鲍叔。"(《次韵胡希圣登毗陵东山亭》)

朝冠貂蝉暮徽缠,曲肱何在三千钟。方东遽北安足究,岂异海舶随狂风。舞雩而咏吾与点,坐中客满谁知融。屹屹杜夫子,灵芝翳深丛。百年转盼皆腐朽,且将逸驾聊与同。我惭圭觚剌人眼,空向霜天望飞鸿。(《次韵参寥杜孝锡》)

元鼎元年东有兵,未央催班不待明。龙骧虎步拥旄出,蚁蚁部曲随鸣钲。三千珠履皆上客,囊中有锥谁为发。莫歌雌兔眼迷离,长城可倚知在谁。千羊不如一狐腋,草底寒虫漫啾唧。两口四目未必智,天下奇才余星坠。舟中指可掬,冀北马群空。漆身吞炭为国士,射足接处谋已同。义感丹诚虹贯日,坛上成功方顷刻。纵有明珠千丈长,安能保得头常黑。(《古东门行》)

卢泉之水名河长,裂脐不到空莽苍。读君诗句心已凉,便觉满耳清浪浪。彼方逐臭如窃香,肝膈素饱神鹰扬。有客饭水衣朝阳,睥睨不语中何伤。过从德君想更乐,直欲造化穷微茫。何当相从老此水,桀跖夷齐均是死。(《卢泉之水次韵晁尧民赠隐人》)

为什么"千载瞬息尔,转盼归虚空",成为李之仪反复论述的一个话题,或许联系李之仪的生平际遇我们可以找到几分答案,李之仪仕途蹭蹬，在极度的挫折感面前，难免不找点安慰，发扬一下阿Q精神；同时人生不能够飞黄腾达，那么人生的意义和价值在哪里，既然"千载瞬息尔，转盼归虚空"，人生的出路在哪里，这些都是他反复思考的问题。

2. 以议论为诗与情韵的创造

这些诗歌虽然以议论为主，但是并不缺少情韵，在这些诗中，我们可以发现李之仪对情韵十分精心的营造。

刘熙载说："唐诗以情韵气格胜，宋苏、黄皆以意胜。"① 钱锺书先生也说："唐诗多以风神情韵擅长，宋诗多以筋骨思理见胜。"② 宋诗虽以意胜，但并不等于说宋诗缺少情韵。

那么何谓"情韵"？据笔者考察，尚未发现古人对情韵做出具体的描述或界定，均是直接拿来使用。所以探讨何为"韵"，或许更能反观"情韵"的含义。周裕锴先生于《宋代诗学通论》中，对"韵"含义进行了令人信服的考证。此处引之。北宋后期以来，"韵"字成了诗界的流行术语，尤其苏、黄屡屡提及，然而对"韵"加以明确界定的只有范温一个人，他提出"有余意之谓韵"，并且论述了"韵"这一美学范畴的发展历史，如下：

> 自三代秦汉，非声不言韵；舍声言韵自晋人始；唐人言韵者，亦不多见，唯论书画者颇及之。至近代先达，始推尊译为极致。凡事既尽其美，必有其韵，韵苟不胜，亦忘其美。

那么如何能够达到"韵"呢？周裕锴先生阐释范温之说为：（1）最高层次的韵是杜甫的"体兼众妙"和陶渊明"不露锋芒"的互补；（2）虽不能兼备众善，只有"一长"，然而在表现中能使其"有余"，留下艺术的空白，给人想象的余地，也可称得上有韵；（3）识

---

① （清）刘熙载：《艺概·诗概》，上海古籍出版社 1978 年版，第 68 页。
② 钱钟书：《谈艺录》，补订重排本，生活·读书·新知三联书店 2001 年版，第 3 页。

见有余，即具有高度的审美鉴赏力和艺术感受力，也可以达到韵胜的境界。①

联系苏轼《书黄子思诗集后》对韵的理解，其实韵有三意：一即有余。二即"超越于具体艺术形象或思想内容之上的艺术境界，一种只可意会，不可言传的美感状态。"三即诗歌有一种不俗的品格。

以下谈谈笔者对"情韵"一词的考证，"情韵"和"韵"一样最早是用在绘画艺术上的。如南齐谢赫所撰的《古画品录》评价戴逵的画说"情韵连绵，风趣巧拔，善图贤圣，百工所范"。②

刘勰《文心雕龙·诠赋》用到了文学上："伟长博通，时逢壮采；太冲安仁，策勋于鸿规；士衡子安，底绩于流制；景纯绮巧，缛理有余；彦伯梗概，情韵不匮，亦魏晋之赋首也，原夫登高之旨，盖睹物兴情，情以物兴，故义以明雅，物以情观，故词必巧丽。"③

元代朱晞颜的《瓢泉吟稿》称"高情远韵"。④

四库馆臣的《淮海词提要》说："观诗格不及苏黄，而词则情韵兼胜，在苏黄之上。"⑤

或许我们可以将"情韵"理解为"情"与"韵"二意的相加，至少去真实的意义不远。

同时，联系对宋诗尖锐批评的严羽，或许我们可以对情韵下个更明确的定义。

严羽说："诗者，吟咏情性也。盛唐诸人惟在兴趣，羚羊挂角，无迹可求。故其妙处透彻玲珑，不可凑泊，如空中之音，相中之色，水中之月，镜中之象，言有尽而意无穷。近代诸公乃作奇特解会，遂以文字为诗，以才学为诗，以议论为诗，夫岂不工，终非古人之

---

① 见周裕锴《宋代诗学通论》，巴蜀书社 1997 年版，第 299—309 页。

② 影印文渊阁《四库全书》本，台湾商务印书馆。

③ 刘勰著，黄叔琳注，李详补注，杨明照校注拾遗：《增订〈文心雕龙〉校注》，中华书局 2000 年版，第 96—97 页。

④ 《瓢泉吟稿》卷四，《四库全书》本。

⑤ 《四库全书》本。

诗也。盖于一唱三叹之音，有所歉焉。"①

严羽在这里，特别主张诗是有"别材"、"别趣"的，他的理论根据就在于"诗者，吟咏情性也"，因为诗歌是抒发情感的语言艺术。因此它必须通过物象、事象来抒情，意兴结合，情景交融，方能含蓄有味。

笔者在"李之仪的言志诗"一节中论述了宋代诗学"诗言志"与"诗者，吟咏情性"两个命题彼此统一与转化的关系。严羽和黄庭坚都提出了"诗者，吟咏情性也"，但严羽恰恰是用这个理论来反对以黄庭坚为代表的宋代诗人的，由此看来二人所强调的内涵是大不一样的。其实诗歌既可以抒发感情，又可以表达志意，但二者要看侧重。严羽认为诗歌内容就应该是以吟咏情性为主要目的的，所以要求志意的表达要与情韵紧密结合，而且诗歌要有比较强烈的兴发感动的作用，志意的表达，情感的传达不能直接，而要通过玲珑的兴象和情境。而黄庭坚则认为诗可以言志，可以表意，但言志归根结底还是在吟咏情性。

不过值得注意的是宋人常提的是"韵"而非"情韵"，显然在他们看来《淮海词》更有"情韵"②，"情韵"一词显然凸显了"情"的传达，这一点和严羽无疑是不谋而合的。

严羽特别强调要表现情性必须要"如空中之音，相中之色，水中之月，镜中之象，言有尽而意无穷"，而他之前的很多宋诗不足之处正在于"一唱三叹之音，有所歉焉"。

这样我们就有理由归纳出宋诗所欠缺的情韵：

（1）"文字为诗，以才学为诗，以议论为诗"，而于感情的表达有所欠缺。

（2）缺少诗歌应有的含蓄和回味。

---

① 《历代诗话》，中华书局排印版。

② 如李清照就说："秦（少游）即专主情致，而少故实，譬如贫家女，虽极妍丽丰逸，而终乏富贵态。"（胡仔《苕溪渔隐丛话》后集卷三十三引李清照《词论》）

李之仪古体诗中的议论大致有三种情况：

（1）全诗出现一两句议论之语。

（2）全诗有大量的议论语，但这些句子多是直接表述观点，没有具体论证的过程。如：《处度再和前诗》，这一类诗可以算作直抒胸臆类。

（3）全诗以议论为主，并且有论点、论据及论证过程。为了追求诗意的含蓄，论点常常不被明确地点明。

"以议论为诗"是宋诗以意胜的极端表现，而这样的诗恰能比较清晰地反映情韵创造的努力。这在李之仪的古体诗中就表现十分突出。

具体分析有这样一些体现：

（1）议论中嵌入精到的描写。

李之仪的古体诗中景物描写不似唐人一样成为抒情的主要方式，而仅是偶尔嵌入精彩而凝练的两句。如：

次韵家室送别

几年保新阡，托身斗一方。问语得野人，禾黍共登场。

迂疏傥可老，持须时抑扬。顾非马上才，犹怀袖中刚。

西风荡微气，仰视明星光。叩齿咏真主，白眉谁最良。

师门守边钥，表表南方强。遗诛百年寇，敢谓莫我当。

牝鸡久司晨，群吠移当阳。荦臛固难律，谁可无宫商。

堂堂发天机，右钺左仗黄。一旦念风云，果知筹策长。

洗涤尽余滓，万翼争回翔。能无出囊颖，及顾箕子傍。

平生惯草衣，岂堪事戎行。强歌出塞曲，夭矫参龙章。

蝇因逸骥速，马为奏瑟昂。尚期鼙鼓操，奋力起病床。

贺兰夺故穴，安西还旧疆。归上千万寿，重赓庶事康。

李之仪很少以纯议论为诗，这首诗就是叙、议、描写结合的。这首诗先叙述了自己近来的生活，然后以"顾非马上才，犹怀袖中刚"转入议论，但就在议论进一步展开的时候，插入了两句"西风荡微气，仰视明星光"，传达出十分微妙的情意：西风振荡，而秋士易感，仰望明星光，似有所期想。两句话将作者从平庸琐碎的日常生活中超拔出来，而情、境俱佳，寓意悠远。接下六句议论边事，然后以"牝鸡久司晨，群吠移当阳"暗示自己的时光就在平淡的乡居生活中默默流逝，也暗指高太后当政，而朝廷上大臣们争吵不断。"蝇因逸骥速，马为奏瑟昂"似两个促拍，将情感激昂起来，"尚期弩鼓操，奋力起病床。贺兰夺故穴，安西还旧疆"，以想象来表现自己尚有的慷慨壮志，接着以"归上千万寿，重赓庶事康"，回到眼前以祝福戛然而止，如一个病人在昏闷中突发奇想，又在现实中沉迷哀伤，这最后两句无异于琵琶女当心一划的那一声裂响，留下久久不去的回味。

次韵胡希圣登毗陵东山亭

君不见，狐裘相齐望前古，后日执鞭固欣慕。

烟云得趣更飘萧，常使高人恨无路。

阑干峥嵘擅空阔，寒日低回得循步。

朱轮想见不可从，南国小棠疑未去。

百年暴辉实之宾，俯盛仰衰情易新。

孤怀直欲共倾倒，衣上元无一点尘。

又不见，三千珠履春申君，十年天禄扬子云。

极目平原草萦骨，秋月春风愁杀人。

五湖归去辨之蚤，击鼓撞钟犹恨少。

险语缓丝一剑休，九衢相视空草草。

荆州万里控上流，歌舞翻风甚飞鸟。

回首苍梧隔暮云，南狩不归何可叫。

解后相逢情更亲，刍狗畴能夸已陈。

欲书醉语致多感，好事今无载酒人。

班班微阳度密竹，喷喷寒雀喧荒榛。

> 韦郎所纪十无一，安得遗老酬咨询。
> 蹭蹬难堪随末俗，健论爱君如剪竹。
> 宁人负我无负人，呐呐老瞒徒四目。
> 直弦易断曲未终，凤髓难容断谁续。
> 白首胡君到孤独，在何分金齐鲍叔。

　　从这首可以更为鲜明地看到李之仪在议论中时时间以景物描写之句，既可以使议论有顿挫，又可以使议论有转换，但恐怕更重要的作用乃是使诗歌不致因为议论而太像散文，用描写景物的句子既可以照应登览古迹这一情境，又可以增加一些诗意。但从全诗来看虽然因这些句子诗意有所增益，但由于议论和写景不能很好的结合起来，此诗并不是十分成功。

　　又如：

> 处度再和前诗见寄，复次韵报之，顷有所约今不逮悲怆无已，题于褒禅方丈
> 爱山平生心，殆若鬼所魅。
> 兹游愧不早，危至失吾事。
> 佳辰秋正晴，有物不自秘。
> 晶莹丽初阳，浮动荐微吹。
> 幅巾方袍接，固可称傲吏。
> 跻攀敢惜力，卜筑岂无志。
> 稽首定明老，愿借一席地。
> 何在眼中人，不觉衣上泪。

　　李之仪的诗议论中不忘时时以精到的写景之句间之。"佳辰秋正晴，有物不自秘。晶莹丽初阳，浮动荐微吹。"在诉说爱山之志，归隐之心时，突然以秋日景象示人，使心愿（所议论的内容）与景致

互相激发，更显出心意激切。

事实上李之仪"以议论为诗"的诗，要引起议论常常需要有所借助，比如：登览历史遗迹发议论，给朋友送别发议论，与人唱和发议论，因此这使得他的诗歌常常不会单纯的发议论，同时造成了诗歌"复线式的结构"（关于此特点的论述，见本书第四章第五节"李之仪次韵诗的艺术特色"），使得情景的描写成为可能，议论所传达的感慨可以与情景互相激发。

（2）议论的形象化。

李之仪虽有直接发议论的诗句，但更多的是遵循诗歌的暗示性和含蓄性原则，以历史史实（典故）、自然与社会物象来发议论，这是他常用的手法，此外还有比兴手法的运用，重点在比喻，但同时起了兴的作用。

比如《雷塘草》一开头就是："鞭长不能及马腹，有限生涯时苦促。"前后句共同表现无可奈何的意思，前后形成了比兴的效果。又如："高山在平地，高山地焉知。明珠出深渊，明珠渊岂期。高明属在人，惟要须其时。"（《和人感怀》）也是这种效果。

（3）议论结构的精心构置，也会形成很好的论说力量，留下不尽的余味。

试看：

古东门行

元鼎元年东有兵，未央催班不待明。

龙骧虎步拥旄出，蚁蚁部曲随鸣钲。

三千珠履皆上客，囊中有锥谁为发。

莫歌雌兔眼迷离，长城可倚知在谁。

千羊不如一狐腋，草底寒虫漫啾唧。

两口四目未必智，天下奇才余星坠。

舟中指可掬，冀北马群空。

漆身吞炭为国士，射足接处谋已同。

义感丹诚虹贯日，坛上成功方顷刻。

纵有明珠千丈长，安能保得头常黑。

这首诗前面极力铺叙了一场战争的胜利，但最后两句诗意顿转，以议论收束："纵有明珠千丈长，安能保得头常黑"，尽管如此辉煌，但终不免一死。为全诗留下了长久的震撼和余响。

又如：

卢泉之水次韵晁尧民赠张隐人

卢泉之水名河长，裂脐不到空莽苍。

读君诗句心已凉，便觉满耳清浪浪。

彼方逐臭如窃香，肝膈素饱神鹰扬。

有客饭水衣朝阳，睟睨不语中何伤。

过从德君想更乐，直欲造化穷微茫。

何当相从老此水，桀跖夷齐均是死。

这首诗是以寓言来发议论。设想卢泉之水旁有两个人，一个人逐臭就像窃香一样热切，当他吃饱了腐臭的肉后就神采飞扬；而另一个人以水为饭，以朝阳的光芒为衣，一心追求高远的境界。可是作者笔锋陡然一转，"桀跖夷齐均是死"，我只想"相从老此水"，在死亡面前高尚和卑劣都是平等的，高尚者自高尚，卑劣者自卑劣。而我们面对人生的态度，选择的人生方向又该如何呢？诗到此处戛然而止，待人回味。

次韵参寥杜孝锡

君不见深山穷谷千丈潭，悬崖绝壁倒挂松。

雷霆雨电有时一洒遍八极，繁霜雪霁能邀夜月来高穹。

又不见江头龟手洴澼绒，裂地得侯终有逢。

长安大雪几千尺，高卧不愧衣玲珑。

揖人而相若反掌，登天有路非难通。

天之可上势或便，得相乃在须史中。

朝冠貂蝉暮徽缰，曲肱何在三千钟。

方东遽北安足究，岂异海舶随狂风。

舞雩而咏吾与点，坐中客满谁知融。

屹屹杜夫子，灵芝翳深丛。

百年转盼皆腐朽，且将逸驾聊与同。

我惭圭觚刺人眼，空向霜天望飞鸿。

这首诗前面均是议论，只在最后一句描写自己"我惭圭觚刺人眼，空向霜天望飞鸿"，这个定格十分漂亮，目光流转迈向辽阔霜天中的飞鸿，既表现了心思空茫的心态，又似乎以飞鸿飘逝再次证明人生无定。面对不可捉摸的历史现象，命运显得多么变幻莫测，人又是多么渺小。给人丰富的想象，使诗歌含义丰富而诗味顿出。

（4）身世坎坷，志意慷慨。

生世坎坷是李之仪一生所不能摆脱的痛苦，他的诗几乎到了无论写何种题材，都不忘感慨自己人生的地步，所以诗歌虽为议论，而感慨之词常常让人一读来就有一种拓落不平之气。其中常常含有张力，包含着对命运不公的悲怨之情。这使得他的议论也饱含着感情，或许可称之为"潜气内转"。

李之仪诗中的议论集中于历史与个人的命运，他关照历史并不是为了抒发思古之幽情或是为了影射现实，而是由此反观人生，选择对待人生命运的态度与道路，李之仪的诗虽关乎社会人生之理，但抒发的是自己的志意怀抱，传达的是自己对坎坷命运的深沉感慨。他严守界限，议论绝不涉及政治道德。

（5）意与情的结合。

唐诗情景交融，但他们对这个领域实在开拓得已经太深了，而唐宋诗人的生活状态又十分接近，面对相同的送行与怀古等景象，唐人的诗句难免脱口而出，要酝酿出新的情境就相当困难了。从李之仪的诗中我们可以看到宋人将意与情相结合的趋向。议论最直接提供的就是意，借助古迹、借助历史进行议论，从而自然引出对朋友的祝愿等等情谊，实现意与情的结合。

在《送郑产庄》中李之仪以两句简要点明在黄梅时节，为郑产庄喝送行酒，之后就迫不及待地转入了议论，他希望郑产庄去登黄金台，于是就黄金台有关的历史事件与人物展开了议论。以历史人物的业绩来祝福郑产庄"十年早飞不足叹，青云自此亨途开"，然后转入眼前之送行，最后又转向黄金台以表祝愿。李之仪的诗明显交错着两条线索，一开始是并行，到后面又会交汇。比如本诗，议论与送行并行，后面以历史来引出祝愿，又是交汇。从而达到了情与意的结合。其中"离亭雨足绿蔽眼，健帆危挂寒风催"，又回到眼前之景的描写：雨后盈眼的绿意，寒风中吹荡的船帆，在凄凉和凛冽中，又是对对方"十年早飞不足叹，青云自此亨途开"热切的祝愿，使整首诗回荡着一种颇耐寻味的诗意。

从议论这种语言形式来看，的确不是文的专利，《诗经》中就有议论，但如此长篇大段地在诗中进行议论的确是宋人尤胜；就具体的内容来看，仅表现抽象的义理，既没有具体的申发对象，又没有情感因素的介入，为理而理（议论），确实会陷入寡味，造成"理障"。

由此看来，李之仪的议论出自对人生际遇的真情实感，以议论为诗，也就有了直抒胸臆的审美效应。"诗之美恶不只在于是否有议论，而在于其中的内容是否出自真情"，所以以议论为诗，却能不脱离人生之感，并能以情气贯之，故虽是议论化语言，却无理障之弊。"其所论多是事理，而不是抽象的玄理。"① 因此李之仪虽以议论为

---

① 查屏球：《唐学与唐诗》，商务印书馆 2000 年版，第 217 页。

诗，但能使情和理紧密交融，传达着浓浓的情韵。

李之仪的议论，与其说是通过议论发现了真理，不如说是在以议论表达自己对人生天命的深深困惑，人生既然如此不顺利，不能显声扬名，不能实现凌云壮志，人生是这样的有限，那么生命的意义在哪里，人生的根底在哪里。李之仪在失望的痛苦和希望的渺茫中，借禅理，借人生一死终成幻灭的道理来说服自己安于现状。

第二节　李之仪诗歌的意象

真正的宋诗，始于梅（尧臣）苏（舜钦），演于欧（阳修）王（安石），成于苏（轼）黄（庭坚），具有"以文字为诗，以才学为诗，以议论为诗"的特征，而李之仪就生活于宋诗成熟的时代，他的诗既富有时代特色，又有自己鲜明的特色，本节内容从意象、修辞、句法等方面对其诗歌的艺术特色进行分析。

我国古代诗歌，主要是抒情短诗，特别是六朝至盛唐，"比兴"、"意象"成为诗人抒情表意的主要艺术方式，一个思想，一种情趣通过一个或几个意象给予表达就可以了，而散文则相反，是主要进行叙事、描写、议论的艺术。宋代以散文笔法入诗，极大地改变着诗歌含蓄蕴藉的特点。

意象是蕴含某种意念的语言形象，是诗人审美意识的外化形式，唐诗创造了丰富的意象世界，缪钺先生称唐诗富有情韵，正是基于这个原因。从一个诗人所爱使用的意象中，我们可以窥见他的人生态度，审美趣味，甚至诗歌的某种风格特征。因此，认识李之仪诗歌的艺术特性，必须首先了解李诗中的意象。

李诗中常见的意象有：浮萍（包括飘蓬）、鸿（包括断鸿）、灯、舟（包括帆，舣舟）、晚春、鲸、山、风、月等，这些意象，有着独特的含义和韵味，"放怀须命酒，生涯何处不飘蓬"、"十年采石寄飘蓬，广济虽名寺亦空"、"崎岖身世等秋蓬"，"蓬"的意象是李之仪生世飘零之感的表现，这与他仕途蹭蹬，命运难以把握的人生境遇有直接的关系。而"何适非适然，神交付冥鸿"、"冥冥天边鸿，荡荡风中云"、"先归只作寻常别，切莫樽前感断鸿"之"鸿"则代表着李之仪远大的抱负、悠远的情思。"谁知一席间，笑语灯荧荧"，"津村落风烟常似腊，禅房灯火已如春"，"灯"代表着温暖、和谐的生活氛围，代表着朋友之间的关照；"吾友真可人，轻舟数相访"、"舣舟月下逢桓守，盘马楼前见庾郎"、"倦客登舟际，江城欲暮时"，"舟"，代表了生活的某种变迁：或是朋友来访，或是得遇知赏，或是一次人生游历。"鲸"的意象与李白有关系，"从来喜诵骑鲸句，亦复买田相近住"（《捉月亭　李太白》），"会当借饥鲸，永谢五浊浑"（《送人》），代表对自由的追求。"江头春色已可掬，风雨恼人常不足。笔刀具来纸上春，墙外落红争蒨蒨"（《送芝老》），"春风不解事，吼地如春雷"（《俞谢因以赎先起之罪》），"村落风烟常似腊，禅房灯火已如春"（《和友人见寄三首》），"一时宾客多可人，坐令五月如深春"（《白铃辖席上琵琶歌》），李之仪似乎深味春天的气息，所以屡以"春"来表现温暖沉酣的气氛。

从这些意象中我们可以看出李之仪用情的态度和表情的方式：感情不太热烈，表达也不太热烈，诗风总体比较平淡，不好奇险。

李之仪的古体诗和七言律诗，有两个侧重：叙事诗和唱和酬答诗，后者带有交际性，以表意为主，所以其中的意象也有自己的特点：一般不似唐人般罗列意象，多随文意取象，重在表意，而不突出意象本身；意象为意所驱遣，非为传情，而为达意；不特别注重凸显意象的形象特点。如：

次韵君俞兼简少孙六首（其六）
书空懒作咄咄语，催老只怪骎骎来。
断梦已将愁共远，离魂不觉泪惊回。
病余已见嶙峋玉，欢处犹怀宛转杯。

　　　　　能伴晴和着屐否，深山应有未凋梅。

诗中出现了"断梦"、"崚嶒玉"、"宛转杯"、"未凋梅"的意象，但却让人感觉不到它们的色彩和形象，与唐诗中的意象大不相同。唐诗意象可以浓墨重彩，"黑云压城城欲摧，甲光向日金鳞开。角声满天秋色里，塞上胭脂凝夜紫。半卷红旗临易水，霜重鼓寒声不起。报群黄金台上意，担携玉龙为君死"（李贺《雁门太守行》）；也可以清新淡雅，"漠漠水田飞白鹭，阴阴夏木啭黄鹂"（王维《积雨辋川庄作》）；可以是清冷的，"泉声咽危石，日色冷青松"（王维《过香积寺》）；甚至可以是朦胧的，"来如春梦几多时？去似朝云无觅处"（《花非花》[①]，"沧海月明珠有泪，蓝田日暖玉生烟"（李商隐《锦瑟》），但无论怎样，形象与色彩都是十分生动，给人以强烈的感官刺激。其实宋人凸显意象的形象与色彩的作品也不少，比如苏轼："岭上晴云披絮帽，树头初日挂铜钲。野桃含笑竹篱短，溪柳自摇沙水清"（《饮湖上初晴后雨》）。

　　李之仪曾形容吴思道的诗歌：

　　　　　　　　读吴思道藏海诗集效其体
　　　　　唐末诗人自一家，剪裁风月间莺花。
　　　　　凭陵堕绪篇篇胜，点缀余妍字字斜。
　　　　　远水连天来怨笛，烂霞烘日带栖鸦。
　　　　　法书警句真如此，流落桑榆重叹嗟。

或许李之仪并不愿意作这种以意象传达感伤情绪的诗歌，这样的诗显得太不像"宋调"（瘦硬）了，也太过卑靡柔弱了。

　　比如，李之仪的叙事作品，专在叙事，而非画形，意象用得少，

[①] 《白氏长庆集》卷十二。

偶尔会出现一两句，如："朝披日彩烂迎东，夜插斗杓寒挂北"，梅花形象的描绘；"晶莹丽初阳，浮动荐微吹"，山中秋景的描绘，语言精致，画面鲜明，但令人几乎感受不到感情的涌动，似乎是对情溢于诗的唐诗的一种反动。

不过，李之仪的诗歌中还有一些用以烘托气氛的景物描写，如："霜空夜自明，江月寒微昏"（《送人》），"秋阴初报寒，惨惨日遽晚"（《题杨子仪虎图》），语言似乎比较随意，未经过刻意描摹，但些许点染，也使一种凄清的气氛油然而生。但这样的句子毕竟只是少数。

在李之仪的五律和七绝中，意象则完全是另一幅面貌：意象多，而且色彩鲜明，情趣盎然，是回归唐风的表现。这些诗是他生活境况比较安宁、闲适时所作，多表现他比较愉快的生活，诚如他所言："人间所乐宁过此，一事都无有俸钱。更向丰年观割稻，须知身是地行仙"（《杂咏四绝》其一）。这些诗句，如："林杪收残雨，檐牙递好风，归时不许问，更待月如弓"，"雨洒家家润，灯传处处光"，意象色彩、形象都比较突出、强烈，整个诗作的风格比较浏亮、活泼。

如七绝：

登山未还范景仁以诗见促次韵二首（其一）

扑面烟霞晓更嘉，偶随黎杖访仙家。

斜阳不见登山屐，独绕长溪折夜花。

和州太守曾延之置酒鼓角楼

楼台烟树接平芜，水墨丹青十幅图。

认得黄山家住处，云中相对似相呼。

这些诗轻快流利，意象丰富，洋溢着浓郁的生活情趣。

总的来说，李之仪的诗意象少，多正面和平直的说理，以及平铺直叙的叙事（叙事诗之所以感人是因为用朴素的语言捕捉了动人的细节），缺少足够的形象性和抒情性，使诗意的回味少。

在表达上来看，李之仪的诗歌意象语太少，李之仪似乎太过逃避意象语，尤其色彩鲜明、形象生动的意象语，这无疑妨碍了其作品的审美价值。宋诗虽然反对唐诗意象堆砌，但也不是决然摒弃意象，相反讲究灵活的使用意象，如欧阳修的《戏答元珍》：

> 春风疑不到天涯，二月山城未见花。
> 残雪压枝犹有橘，冻雷惊笋欲抽芽。
> 夜闻归雁生乡思，病入新年感物华。
> 曾是洛阳花下客，野芳虽晚不须嗟。

多有意象语，只不过如"意象的平行组合方式在这里发生了变化，成为历时性的意义凸显的线性结构"[①]，"'春风疑不到天涯，月山城未见花'两句是因果关系复句，'残雪压枝犹有橘'是转折复句，最后一联的转折把全诗的思想推向一个高潮。诗中有'疑'、'犹'、'欲'、'曾是'、'虽'等非标示物象的语助词，使全诗显得疏朗流畅，意脉也变得显豁而连贯。"[②]

而黄庭坚的名句"桃李春风一杯酒，江湖夜雨十年灯"也有丰富的意象，难怪释普闻称赞它是以"境句"作"意句"的佳作。不过据说黄庭坚对这两句还不是特别满意：

> 或称鲁直"桃李春风一杯酒，江湖夜雨十年灯"，以为极至。鲁直自以此为砌合，须"石吾甚爱之，勿使牛砺角，牛砺角尚可，牛斗残我竹"，此乃可言至耳。（《寄黄几复》）[③]

---

① 周裕锴：《宋代诗学通论》，巴蜀书社 1997 年版，第 484 页。
② 同上。
③ 《黄庭坚山谷集》卷九。

前一首诗是静态的意象，后一首诗则是动态的意象，且语言更为流变。黄庭坚反对的是唐诗意象堆砌，显得板滞的语言，真正的宋诗并不反对意象，诚如周裕锴先生所言："宋诗人更关心意象的张力与运动。"① 其实，宋诗人除不喜静态意象的堆砌外，对意象语反思的确是针对唐诗的，他们不喜唐诗仅仅传达情感的意象，而主张以意象表意；不喜直接描摹景物，而喜跨越式更具概括力的意象。

李之仪对意象语的逃避，降低了诗歌的审美价值。

第三节　李之仪诗歌的修辞

1. 比喻

修辞是诗歌重要的组成部分，反映了作者的创作特色。李之仪诗中用得较多的修辞是比喻。

其中有较为新颖的，如：

文章误人岂当日，声明虽好终何为？譬如花卉自开落，又如时鸟啼高低。（《谒李太白祠》）

霜根半露林中虎，画影全舒破贼旗。（写树）（《吕吉甫第，乃谢镇西故居，中间常为佛刹，而双桧则旧物也，刘梦得有诗，因赋其韵》）

雨路如投洗，山行似踏绳。（《雨中过明觉招上人辄留小诗》）

庭前已觉绿半毯，酒面忽有红双兔（《后园》）

入口舌欲脱，下咽虫争泣。《因服药饮酒一盏》

顽涎杂血唾，心悸如鼓集。《因服药饮酒一盏》

可是道边无葬地，肯将身世曲如钩。（《又次子樁同君俞三

① 周裕锴：《宋代诗学通论》，巴蜀书社1997年版，第524页。

诗》其一)

　　为问醉衮应好在，莫教痴望似蚕眠。(《戏子微兼次韵陈君俞寄题兰皋》)

　　属意几回真入梦，欲来常恨涩如湾。(《次韵子椿金陵相会诗》)

　　老来肺腑都荆棘，顿欲蓐锄不计程。(《次韵君俞四首》)

　　其中，"老来肺腑都荆棘，顿欲蓐锄不计程"，"荆棘"比喻心理的烦乱与不适；而"蓐锄"则是曲喻，先有"肺腑"似"荆棘"的比喻，因"荆棘"可以铲除，所以才有了对烦乱和不适心理"蓐锄"之说。

　　李之仪的比喻规模小，不像苏轼的博喻，气魄洪大，笔势纵横，无愧于《瓯北诗话》赞其"天生健笔一枝，爽如哀梨，快如并剪，有必达之隐，无难显之情"[①]，苏轼有诗云："作诗火急追亡逋，清景一失后难摹"(苏轼《腊日游孤山访惠勤惠思二僧》)[②]，苏轼以精妙的比喻敏锐、逼真地捕捉下事物之情状，点出事物之根本，如其《百步洪》之博喻，又如其"雪泥鸿爪"人生之喻，而诗句，如"诗从肺腑出，出辄愁肺腑。犹如黄河语，出膏以自煮"、"人似飞鸿来有信，事如春梦了如痕"，诸多妙喻，不一而足。不似黄庭坚比喻的奇绝，令人叹服。是智慧的体现。李之仪的比喻多静态的描绘，或是感官感觉的描摹，少事物神理的传达。多沿袭传统的比喻，缺少自己独特的创造。

　　"岭上晴云披絮帽，树头初日挂铜钲。"(苏轼《饮湖上初晴后雨》)苏轼和黄庭坚的比喻形象鲜明饱满，给人非常深刻的印象，而李之仪的比喻境界狭小，给人的感觉好似温吞水，对读者的感觉刺激不强烈。如：

---

　　① (清)赵翼撰，胡主祐、霍松林校点：《瓯北诗话》卷五《苏东坡诗》，人民文学出版社 1963 年版，第 56 页。

　　② 苏轼：《苏轼诗集》卷四。

青蝇附骥元非援，白璧无瑕晚更真。(《亦得之坡今亡矣怅然有怀》)

人亡人得同吹唤，潮落潮生等据梧。(《和人见寄二首》)

但由此也可以看出，李之仪诗风比较平易，不特别追求新颖别致，未在这方面特别用力。当然也有才力所限的原因，试看：

> 晚过王晋卿第，移坐池上松梢凌霄烂开
> 清风习习醒毛骨，华屋高明占城北。
> 胡床偶伴庾江州，万盖摇香俯澄碧。
> 阴森老树藤千尺，刻楠雕楹初未识。
> 忽传绣障半天来，举头不是人间色。
> 方疑绚塔灯照耀，更觉丽天星的历。
> 此时遥望若神仙，结绮临春犹可忆。
> 徘徊欲去辄不忍，百种形容空叹息。
> 乱点金钿翠被张，主人此况真难得。

为描写"松梢凌霄烂开"的美妙景象，用了三种比喻："方疑绚塔灯照耀，更觉丽天星的历"、"乱点金钿翠被张"，以描摹浓密的树阴中阳光闪烁的一番奇景猛然间带给人的一种深刻感受。但虽极力描摹，笔力终逊一筹。

2. 词汇上选择的特点

(1) 将不便入诗的新鲜词汇俗语词用于诗中，使诗歌更具表现力。

诗歌要庄重典雅，俚语俗词不可入诗，几乎已经约定俗成。中唐时期，元白梅欧在语言上追求通俗化、口语化和语言自然平淡的风格；苏黄等人为了追求诗歌新鲜的韵味，也讲究"以俗为雅"，如何用好这些俗词俗语呢？据周紫芝《竹坡诗话》记载："李端叔尝为余言：'东坡云：街谈市语，都可入诗，但要人熔化耳。'"① 李之仪说：苏轼曾告诉他"但要熔化耳"。② 李之仪诗中用了相当数量的俗语词语，这些词语流行于当时人们的口头语，李之仪将这样一些"街谈市语"巧妙地融入了自己的诗歌中。如：

回头白发三千丈，倒指青编二十年。（《题兰皋》）

据张相《诗词曲语辞汇释》③ 解释："倒指，犹云曲指也。""倒指"即俗语词，它和"回头"成对，融入诗中。

又如：

君能活计如公理，我愧生涯负表微。（《庄居寄友人》）

"活计"，清代钱大昭《迩言》④ 卷二举白乐天诗云："休厌家贫活计微"，"活计"实指维持生计、生活，《警世通言·桂员外途穷忏悔》⑤ 亦云："君家至亲数口，今后如何活计？"

还如：

只恐时来把不住，更看究竟事如何。（《偶书二首》）
倦途所欠无多子，胜日相逢又一年。（《次韵闻笛》）

"把不住"、"无多子"都是俗语词，李之仪诗中，这种例子还很多。
（2）句中虚字、句尾助词大量增加。

① 《历代诗话》上册，中华书局排印本，第 354 页。
② 周紫芝：《竹坡诗话》："李端叔尝为余言：'东坡云：街谈市语，都可入诗，但要人熔化耳。'"（《历代诗话》上册，中华书局排印本，第 354 页）
③ 张相：《诗词曲语辞汇释》，中华书局 1977 年版。
④ 《迩言等五种》，商务印书馆 1958 年版。
⑤ （明）冯梦龙：《警世通言》，岳麓书社 2002 年版。

— 109 —

这一点在李之仪的诗中是突出现象。如："虽尊未勇耳"、"抑扬毕竟何所之"、"熟虑自难忘，是乃真苦相"（《睡起》），"于今已三见，爽气若初得。同言胡乃尔，前致作娇客。"（《寄何德固》）"本不欲而期，何为尚如此。"（《燕子和韵》）"未始有寒暑，彼哉自炎凉。""何必得美酒，然后可将须。""别来事多矣，未易咫尺论。"王力先生认为"如"、"似"等字不宜处于诗中，但李之仪诗中比比皆是。

（3）多用借代词。

李之仪诗中用了很多借代词，如：

　　　　箪瓢弗改真天乐，簪绂相高半学生。（《告别子通》）

箪瓢，即箪食瓢饮，用《论语·雍也》颜回的典故，代安贫乐道的生活；簪绂，冠簪和缨带，古代官员服饰，代仕宦生涯。

　　　　佳时未用倾河鼓，爽气先期胜蓐收。（《和子椿七夕》）

"河鼓"，星名，属牛宿，在牵牛之北；一说即牵牛。此处不直呼牵牛，而以"河鼓"代之。"蓐收"本为司秋之神，此处代指秋天。

　　　　鸡肋未能忘甽亩，骊珠还见发囊函。（《和子椿》）

"甽亩"本指田地，这里代指民间。

　　　　君能活计如公理，我愧生涯负表微。（《庄居寄友人》）

"表微"，本指表明微细之事，这里代指阐扬衰微之学。

　　便从缑岭如无愧，更许毗耶约问津。（《和友人见寄三首》
其一）

　　以"缑岭"，本为缑氏山，为修道成仙之处，此处代隐居生活。"毗
耶"指维摩诘菩萨，此处代指精通佛法、善说佛理之人。

　　中痟未厌徒空壁，雅意安能系赤墀。（《久雨次韵君俞》）

　　以"空壁"代贫穷的生活，而"赤墀"本为皇宫的台阶，此处代指
朝廷，即做官。

　　3. 典故的运用

　　宋人以学问为诗，用典讲究精深、隐曲，王安石、黄庭坚为宋
代诗人树立了榜样。李之仪用典有用得巧妙的。如：

　　　　拾尘已信非尝饭，撒豆终知不是兵。（《次韵君俞四首》）
　　　　瘦逼修文臂渐消，渴近相如尤殢饮。（《次韵君俞病中见寄》）
　　　　爨下得余薪，便可歌南风。（《袁彦伯赏咏亭》）
　　　　超然世外人，鸡黍随低昂。（《迎晖阁》）

　　但他的典故，多意尽句内，不同于黄庭坚层层设典，诗意层层
深入，刘辰翁《简斋诗集序》云："黄太史矫然特出新意，真欲尽用
万卷，与李杜争能于一词一字之顷，其极至寡情少恩，如法家者
流。"[1] 如"平生几两屐，生后五车书"（《和答前穆父猩猩毛笔》），
用事精妙隐秘。"平生几两屐"，用《唐文萃》所载裴炎《猩猩说》
之语，又用晋人阮孚"一生能着几两屐"之语（《晋书·阮孚传》）；
"生后五车书"，用《庄子》"惠施多方，其书五车"，又用晋人张翰

----

① （宋）刘辰翁撰，段大林校点：《刘辰翁集》，江西人民出版社 1987 年版，第 440 页。

的话："使我有身后名，不如实时一杯酒。"（《晋书·张翰传》）这两句，写猩猩毛笔，从猩猩写起，实际上又是在写人，为人生发出浩然一叹，但最终又不离猩猩毛笔的功用，实在令人叹为观止，可谓用事精妙隐秘。李之仪的典故更像是可以破译的密码，只要了解了这个典故的基本内涵，便可轻松理解诗意，诗意虽显婉曲，但却乏深意。如：

> 昔陪韦杜尺五天，此地去天今几尺（《次韵君俞病中见寄》）
> 何妨强袭起应刘，间促扁舟寻李郭。（《次韵君俞病中见寄》）
> 君不见乐羊功名方熠熠，归来谤书已盈箧。（《次韵君俞病中见寄》）
> 楚材有用谁青眼，赵将无功枉白头。（《李去言相别二年忽得书知在吴中答书偶成》）
> 敝帚不堪终旧物，吐茵行欲奉余尊。（《送曾端伯之官济北》）
> 聊摅广莫心，无作雍门泪。（《次韵秦处度同登黄山》）

而李之仪又喜直接用佛教语言，甚至直接用梵语，使解读诗意更有了破译的性质。如：

> 谁云非吉祥，便是金毛现。（《书长干僧房》）
> 未妨一老同巾屦，香火终年谢劫灰。（《和两翁轩》）
> 何妨一笑空诸有，更觉三摩尽六尘。（《再次韵奉送禹钦且坚再来之约》）
> 高步毗庐顶上身，旋开窗牖外风尘。（《题誓老小轩》）
> 应觉拥炉华藏客，不知对雪姑溪愁。（《与珪元白相别之次日大雪火边有怀其人》）
> 蘑葡园中纷一色，兜罗世界结千层。（《因过坟山斋僧值雪遂赋小诗》）

窣堵频经眼，伽蓝未息肩。(《感叹不已因赋二小诗》)

第四节　李之仪诗歌的句法

句法指词与词之间的配合，以及句子与句子之间的配合，前者可称为"句法"，后者可称为"章法"，所以本节从"句法"和"章法"两方面来讨论李之仪的诗歌。

1. 句法

（1）对偶。

周裕锴先生在《宋代诗学通论》中认为：唐人讲究对偶，到晚唐尤其"尚切对"，所以"在对偶问题上宋人要和唐诗相抗衡，只有两条路可走：一是变本加厉，在贴切精巧、工整严密方面超越唐人；二是改弦易辙，化切对为宽对，解构唐诗过分工整的对偶结构"。王安石代表第一条道路，他的属对比唐人更为精工，可以称为"多重工对"，比如："含风鸭绿粼粼起，弄日鹅黄袅袅垂"，"鸭绿"和"鹅黄"是借代，指水和柳，同时鸭、鹅同属禽鸟，绿黄并是颜色，无论字面意、借代意都属对精当。[1] 试看李之仪的"薝葡园中纷一色，兜罗世界结千层"（《因过坟山斋僧值雪遂赋小诗》），"薝葡"与"兜罗"是梵语对梵语，又是植物对植物，"薝葡"是栀子花，"兜罗"即兜罗绵，指棉花或草木的花絮，二者形容雪的形与色。又如："雪消鼎面声频涌，鹅转池心首屡回。"（《简刘君秉》）"面"、"心"都是身体部位，但又表方位，"柱头寂寞千年鹤，波面分明一点鸥"（《又次子椿同君俞三诗》）也是如此。"无复新声传玉齿，空余残照满金田"（《题白纻山》），"玉"、"金"既是金玉珠宝类，又表颜色。李之仪的这些对偶句，便可称为"多重工对"，走的乃是"切对"的路子。

---

① 周裕锴：《宋代诗学通论》，巴蜀书社 1997 年版，第 491 页。

而第二类，上下联不仅形象迥不相侔，而且语意了不相属，如："万里书来儿女瘦，十月山行冰雪深"（黄庭坚《上叔父夷仲》），上句言人事，下句言景物，事类毫不相干，形象异质而且语境远距，可谓"两句意甚远"①。"万里书来儿女瘦，十月山行冰雪深"，这两句"在不违背对仗的基本原则的情况下，最大限度地发挥了诗歌语言的表意功能"②。李之仪诗中的对偶句，多非上下两句间也绝不是"语义了不相属"，但在词语使用上却与黄庭坚有相似之处，"万里书来儿女瘦，十月山行冰雪深"，"里"乃是量词，与"万"构成数量词组；"月"却不是量词，"十月"则是词，而非词组。"书来"为主谓结构，而"山行"却是状语修饰谓语动词的偏正结构。"万里"与"十月"因为共同有一个数词，于是化不类为类了（化词性上的不类为类）。李之仪诗中此种用例十分多见，如：

柱头寂寞千年鹤，波面分明一点鸥。（《又次子椿同君俞三诗》）

"年"是量词，而"点"则是名词，因为其前都有数词，于是化不类为类了，在形式上显得十分工整。这类对偶句乃是宽对，之所以说其为"不类之类"，乃是它构成了貌似数量关系的词组，令人不易觉察，这就是其巧妙之处。又如：

虚名漫托三春柳，实际需归万斛舟。（《又次子椿同君俞三诗》）
聊资千岁祝，用赞一阳春。（《回酒》）
学优曼倩三冬足，才过荆州十部贤。（《戏子微兼次韵陈君俞寄题兰皋》）
低回气类追千劫，邂逅风流得二难。（《题张湛然兄弟所居

---

① 葛立方《韵语阳秋》卷一："律诗中间对联，两句意甚远，而中实潜贯着，最为高作。"

② 周裕锴：《宋代诗学通论》，巴蜀书社 1997 年版，第 496 页。

壁时谒之不见》)

李之仪和善于使用数词对仗，既显出对偶的精巧，又造成了一种时空的跨度感。

早在唐初就有"异类对"了，《诗人玉屑》卷七记载，唐初的上官仪云："诗有八对"，"二曰异类对，风织池间树，虫穿草上文是也。""风"、"虫"自然不是同类事物，但处于同一空间，于是上下两句呈现了一派富有生机的自然景象，词类不同，词性相同，上下句之间意义上联系紧密。李之仪就多巧用颜色字，形成了这种"异类对"，如：

> 回头白发三千丈，倒指青编二十年。(《题兰皋》)
> 白璧无瑕尊士望，青云有路蔼乡评。(《告别子通》)

"白发"、"青编"虽不同类，但都有颜色字，色彩上富有对比性，上下相对，使深远感慨之意豁然出之，于是用字显得十分精当，虽为不类，放在一起却更匠心独具，乃是化词类（这里的"词类"，指词语在意义上进行的分类，比如同为蔬菜类、水果类、器物类等）上的不类为类。"白璧"、"青云"之妙，亦是这个道理。

此外宋人还津津乐道律诗的"假对"，"假对"有两种情况，一种是假义，利用词语多义的性质，假借某词的另一种意义和对句中相应的词成工对，[1] 此种对，李之仪有："自非积习有天得，那复间关特地同"(《次韵子椿金另作别韵》)之句。"天"乃"天然、天生"之意；"特地"，亦作"特底"，是"特别、格外"的意思[2]。"特地"之"地"本来没有"地面、大地"的意思，但这里借用它的这个意

---

① 周裕锴：《宋代诗学通论》，巴蜀书社1997年版，第498页。
② 这个意思，可见以下句子：(唐)王维《慕容承携素馔见过》诗："空劳酒食馔，特底解人颐。"(唐)罗隐《汴河》诗："当时天子是闲游，今日行人特地愁。"

思，从而与"天得"之"天"形成对偶。"假对"的另一种是借音，多见于颜色对，假借颜色字的同音字和对句中相应的颜色字成工对，如："高明渐拟凌清汉，皎洁方知在碧潭"（《次韵郭功甫从何守游白云寺》），"清"乃借作"青"字与"碧"相对。

事实上李之仪对各种对偶形式均有过尝试，如：

> 不作崎岖倦，几成汗漫游。（《无题三首》）

乃是双声与叠韵的联绵词对偶，同时"崎岖"、"汗漫"又是偏旁相同的字两两相对。

> 渐因卜筑投归鹭，聊托潺湲习戏鸥。（《堤上闲步二首》）

"卜筑"、"潺湲"乃是叠韵字对偶。

> 白璧无瑕尊士望，青云有路蔼乡评。（《告别子通》）

是词汇活用，"尊"和"蔼"乃是使动用法。

> 丹灶鹤归休炷火，茶瓯客访旋敲冰。（《济上闲居》）

是句式浓缩，应该是：因鹤归，所以丹灶休炷火；因客访，所以茶瓯旋敲冰。

> 当知法界重重意，尽在云游步步中。（《送宣上人游方》）

是一句话分为两句话，应该："当知"是谓语，宾语是："法界重重意尽在云游步步中。"

李之仪对各种对偶方式均有尝试，从而使自己的对偶句灵活而多变，巧妙而工整。但李之仪在对偶上的最大特点，乃在于他特别喜欢用一些虚词来表现一种语气上的意味，使诗句一读便产生一种跌宕、顿挫、流变的语气，这种语气上的意味往往强于实际上句意本身的意味。

如：

固应表见风尘外，莫作寻常草木看。（《和储子椿竹》）

才闻浮鸥来波上，已见牵羊出石头。（《金陵怀古二首》）

虽非腰重真骑鹤，犹胜途穷强泣麟。（《和人见寄》）

拥炉虽有味，琢句苦难成。（《子重见过夜话》）

舒啸款谈虽可想，赏风吟月未终闲。（《失题九首》）

气候相催虽迅速，笑歌赢得暂招携。（《失题九首》）

恃险战争休想旧，凭高临眺且论今。（《金陵怀古二首》）

自非终贯名偏重，只恐蓬瀛到却迷。（《送人入馆阁》）

闻道程文太超轶，却因诗句接光辉。（《庄居寄友人》）

未必萦回能擢胜，却疑平远解供愁。（《堤上闲步二首》）

已分余生不如旧，却应佳句渐能新。（《次韵君俞兼简少孙六首》）

如果细分这种语气上的效果，常见的有：

1）对比中表示转折关系。如：

好事借名真有味，多言虽巧不能寒。（《和储子椿竹》）

佳时未用倾河鼓，爽气先期胜蓐收。（《和储子椿竹》）

功名了未荣三事，理性容先契一灯。（《济上闲居》）

早时欲到不自果，今日初来端有缘。（《题白纻山》）

高义不忘辕下旧，好音常自日边来。（《次韵葛大川喜王君

相过并寄吴思道》）

无复新声传玉齿，空余残照满金田。（《题白纻山》）

2）表示递进关系。如：

月影正迷千古恨，雨声还助五更愁。（《和储子椿竹》）

青蝇附骥元非援，白玉无瑕晚更真。（《亦得之坡今亡矣怅然有怀》）

宝界曾回铺地色，节旄还映插云枝。（《桧则旧物也刘梦得有诗因赋其韵》）

伏枥已应真款段，脱鞲终拟谢低回。（《次韵君俞兼简少孙六首》）

3）表示承接关系。如：

特枉新诗咏陈迹，便同佳趣赏当年。（《戏子微兼次韵陈君俞寄题兰皋》）

4）李之仪还喜用"谁"、"何"、"岂"等表示疑问或反问的词语来加强语气。如：

忽惊辽鹤排空至，何啻廉珠昨夜还。（《石端若以朱丝栏见邀，作而偶失所在，久方得之喜而赋诗寄丁希韩，因以见及遂申前志次韵》）

禄仕岂知承末轨，恩光又许袭前程。（《亦得之坡今亡矣怅然有怀》）

楚材有用谁青眼，赵将无功枉白头。（《李去言相别二年忽得书知在吴中答书偶成》）

御辇金车何处去，闲花野草几时休。（《邯郸丛台》）

宋人把这类"非标示物象、动作或性质的虚词，如副词、连词、介词等等"①叫做"活字"，使用这类字，宋代诗人是十分讲究的，

---

① 周裕锴：《宋代诗学通论》，巴蜀书社1997年版，第521页，对"活字"的总结。

罗大经说：

> 作诗要健字撑拄，要活字斡旋，如"红入桃花嫩，青归柳叶新"，"弟子贫原宪，诸生老伏虔"。"入"与"归"字，"贫"与"老"字乃撑拄也。"生理何颜面，忧端且岁时"，"名岂文章著，官应老病休"。"何"与"且"字，"岂"与"应"字，乃斡旋也。撑拄如屋之有柱，斡旋如车之有轴。文亦然。诗以字，文以句。（《鹤林玉露》甲编卷六《诗用字》）

周裕锴先生认为在一首诗中，这类虚字的"斡旋"作用实际上就是起到了"贯穿意脉的逻辑作用"，"调整意象之间的关系，能传达出复杂微妙的情感以及曲折丰富的意义"[①]。确实如此，如李之仪诗："伏枥已应真款段，脱鞴终拟谢低回。"（《次韵君俞兼简少孙六首》）昔日"伏枥"被蓄养（指做官）之时，就行动迟缓，而现在"脱鞴"（指赋闲）在家，则更加不敢承蒙您对我的思量了。"已"表示已然如此，不可挽回；"终"表示只能如此，没法回旋。这种递进式的自谦意味，正是"已"、"终"这些"活字"产生的效果。"未能海运参抟翼，聊复舟行共覆杯。"（《次韵君俞四首》）既然才能没有得到任用，那么姑且在自己狭小的生活范围中自得其乐，这里"聊复舟行共覆杯"一句，典故的用意也比较丰富，既指姑且舟行于覆杯之水中（指在自己狭小的生活范围中自得其乐），还有舟行去看望朋友，与朋友饮酒，消磨时日的意思。"未能"、"聊复"将前后两句的意脉贯穿起来，表达了失落、无可奈何，又姑且如此的微妙的心理。李之仪在诗中大量的运用此种"活字"，如："未必萦回能擢胜，却疑平远解供愁"（《堤上闲步二首》）此诗写李之仪在河堤散步的所见，他远观风景，既有萦回之山川，也有平远之旷地，以"未必"、

---

① 周裕锴：《宋代诗学通论》，巴蜀书社 1997 年版，第 521、523 页。

"却疑"导引，使句子有了逻辑关系，从而将静态景物的描写化作表意的文字。"已惊盏里醅初绿，更觉篱边菊渐黄"（《题韦深道寄傲轩》）也是如此，见得"醅初绿"，觉得"菊渐黄"，本为并列关系的陈述，但以"已"、"更"导引，则产生了递进的效果，强调了惊讶的意味。又如"拾尘已信非尝饭，撒豆终知不是兵。"（《次韵君俞四首》）"已"与"终"的前后呼应，使诗句自然纳入了特定的逻辑关系中，为何谓"已"，为何谓"终"，则成了读者阅读时必须补充的内容，颜回尝饭并非偷食而是烟灰落到了饭里，虽然这一点已经得到了澄清，但是撒豆成兵毕竟只是传说。李之仪以"已"与"终"将两处典故联系起来，其中的逻辑关系，含有让步意味，虽已让步，但结果依然是不可行的，更加表达了无可奈何的感情。

李之仪的这类"活字"，的确使诗句一读便产生一种跌宕、顿挫、流变的语气；但同时，由于使用太过频繁，也就使诗句缺少了更为细致的斟酌，以至于这种诗句，语气上的意味往往强于实际上句意本身的意味。"吟苦空多屈原恨，赋残犹剩庾郎愁"（《堤上闲步二首》），"犹"表示递进，但这两句有"合掌"之嫌，并没有意思上的递进。

这些"活字"的频繁使用，还产生了一种意思可以正过来倒过去随便说的恶劣效果，作诗成了文字游戏，注重的只在于说法是否巧妙，没有更高远的情思和志意的表现。的确，宋代诗人对于词语如何使用，产生何种言说效果，是颇有研究的。但在一句话如何说上兜圈子，毕竟格局太小。

这些对偶句形式精巧，但是由于以表意为主，缺乏形象感，意尽句内，未能传达更为深远的情意。

而有时候对偶的精致，并不能遮掩诗意的空疏，如李之仪诗：

金陵怀古二首

霜天日晚独沉吟，潮上风来别是音。

　　恃险战争休想旧，凭高临眺且论今。

　　数声雁麼千年恨，一片帆惊万里心。

　　不是江山解磨折，却应人物自升沉。

　　"恃险战争休想旧，凭高临眺且论今"，这两句诗，基本没有表达什么内容；"不是江山解磨折，却应人物自升沉"，是全诗因怀古而发的议论，直陈其意，缺少余味；而议论虽为翻案，但似不能给人新鲜而深刻的启示。

　　李之仪的这些偶句显示出他写作的才能和用功的程度，运思颇为细密，但比起苏轼、黄庭坚、王安石等大家还是有一段距离，原因就在于他们除了有作诗造语的智慧，还有营造非凡的诗意、诗情的才能。

　　（2）散文句式。

　　诗与文的区别，据周裕锴先生论述，诗人"惟悟乃为当行，乃为本色"。"悟"是诗人独特的思维方式，近似于直觉，而非知性。诗的本色乃在于"诗有别趣，非关理也"，"别趣"即诗所特有的审美趣味，诗所特有的表达方式是暗示而非叙述，因而获得的美学效果是含蓄的而非显露的。① 因此所谓的散文句式，首先就是那些涉理路，句意较为显豁的诗句。周裕锴先生在《宋代诗学通论》中指出，宋诗作为唐诗的反题，喜用散文句式，"注重诗歌句式的逻辑关系或语序的日常化"，"以日常散漫语言代替唐诗精工的语言"②。

　　本文前面已论述李之仪诗句中存在大量的"活字"，从而将诗句纳入了逻辑关系中去，就表现了散文句式的特点。此外，从语言形式来看，李之仪的诗中出现了大量的虚词和句尾助词，诗句表现出散文化的特色，如："虽尊未勇耳"、"抑扬毕竟何所之"、"熟虑自难忘，是乃真苦相"（《睡起》），"于今已三见，爽气若初得。同言胡乃

---

　　①　周裕锴：《宋代诗学通论》，巴蜀书社 1997 年版，第 259 页。

　　②　同上书，第 484 页。

尔，前致作娇客。"（《寄何德固》）"本不欲而期，何为尚如此。"（《燕子和韵》）"未始有寒暑，彼哉自炎凉。""何必得美酒，然后可将须。""别来事多矣，未易咫尺论。"王力先生还认为"如"、"似"等字不宜处于诗中，近体诗中的"如"、"似"等字常常是被隐去的。[①]但李之仪诗中屡见不鲜，如："村落风烟常似腊，禅房灯火已如春"（《和友人见寄三首》），"悬知必如此，恐终欲弗类"（《离颍昌张圣行独出城相送》）。

试看李之仪的一首七言律诗：

偶书二首（其一）

小山相对数椽地，乐与心期境自多
有酒未妨同客醉，无情到了任君魔。
采薇行歌亦劳矣，饮水曲肱还会么。
只恐时来把不住，更看究竟事如何。

"采薇行歌亦劳矣，饮水曲肱还会么"对偶工整，"矣"、"么"均为句为语气词，而最后一联"把不住"乃是当时的口语词。全首诗由此突出了散文化的特点，而这首诗的妙处正在于作者有意将口语化的句子合乎格律地嵌入诗中，造成一种别致的效果。如时下网络上的一首诗：

七绝·看落花

一开一落即生涯，流水泥尘原是家。
教我如何忍说与，风中最后那枝花。[②]

全诗，几近于口语，尤最后一句"风中最后那枝花"与口语无

---

① 王力：《汉语诗律学》，上海教育出版社 2005 年版，第 264 页。
② 见网络，名为"小鱼儿"所作的《尺水集》中。

异，但又恰和格律，比起精工典雅的传统诗句来，自有特别的风味。
又如：

题詧老小轩

高步毗庐顶上身，旋开窗牖外风尘。

石菖蒲是从来友，龙焙茶为近日亲。

不见同行木上座，常留伴睡竹夫人。

艰难历尽无余事，问佛方知有此因。

"石菖蒲是从来友，龙焙茶为近日亲。"乃是语序的日常化，是典型的散文句式。

2. 章法

李之仪诗歌章法上的特点，具体表现在以下几个方面：

（1）双线式结构。常出现在唱和诗中，见笔者所撰"李之仪的次韵诗的艺术特色"一节。

（2）章法上意脉流畅，虽然不乏跳跃，但总体上有比较清晰的脉络可寻。这是诗歌的章法安排明显受到散文的影响的缘故。如：

三家店主人劝饮

早饮欲过午，感此去路遥。解衣酒家床，主人喜相招。

逡巡出饳饤，劝我饮一瓢。举手谢殷勤，宿醒犹未消。

报言雪满野，征辔相无聊。何如酩酊去，更可忘今朝。

年来颇解官，径欲随所邀。端愧五浆期，未觉群心摇。

偷薄日益窖，妙论轻鸿毛。何当受一廛，醉倒同渔樵。

具体的记叙了酒店主人劝饮的过程，宛如一篇叙事散文。

另外，李之仪诗歌章法的散文化特点还表现在，以平易质朴的语言提供了更为细致、详细的描写，表达了更丰富的内容。诗歌不再像前代一样那么精炼和含蓄，篇幅更大，更接近生活实际，更加朴素真切，也更加打动人心，试看：

> 唐公兄惠顾海上既行，辄有诗奉送
> 忆昨扁舟下京口，六月江头浪如吼。
> 一笑还寻浮玉叟，山半飞云似招手。
> 月明上船萦宿酒，倒摘沉星疑犯斗。
> 夜深归梦彻东吴，觉来落月穿疏牖。
> 山僧流连强终日，黄昏归鸟凌风疾。
> 玉骨萧森病枕余，一语才交复相失。
> 先生高节如古人，薄宦淹面行路尘。
> 海城寄食不自给，暂喜持杯同探春。
> 春风花草来踆踆，微红淡绿意旋新。
> 相从白发情未压，底事促别声悲辛。
> 淮陵欲到嗟无因，想见蔓草萦龙鳞。
> 浦光亭南拍堤水，冉冉落日低孤坟。
> 到时春色应已迟，满树黄鹂初啭时。
> 凭将一曲原头泪，为洒南坟松树枝。

这是一首富含情味的好诗。"一笑还寻浮玉叟，山半飞云似招手"，写送行时，船走得太快，行人眼前送行人的面影迅速被转换成了半山的飞云：尚在船上寻找送行人的面影，但那人面影已倏尔不见，只见得半山云飞似手招。这里捕捉了一处典型细节，而离别匆促，惜别又无法停留的情意也传达出来了。接着，写行人独自一人夜晚在船上的情景，以实景衬托出了深深的孤独之感。接下来，回顾与友人相交往的美好情景，最后伤感地想到此后恐怕相见无因，要见之时，也许只能悲伤地在坟头洒泪了。这是极度惜别的一种表现。这首诗歌咏友情，从送别写到别后相思，又写回顾昔日的交游，最后设想无由得见的悲伤，将离情写得更加丰富曲折。虽然没有"洛阳亲友如相问，一片冰心在玉壶"那样高远的诗情，但是它的艺术效果也不是那样简练精致的作品所能够达到的，如果说前者的好处在于留下了许多令人回味的余地和想象的空间，那么后者则以朴实、真切、丰富打动人心。相比而言，李白的"桃花潭水深千尺，不及汪伦送我情"（《赠汪伦》，《李太白文集卷十》）来得实在太过简单。

（3）陡转，主要表现在以议论为主的诗歌中。如：

卢泉之水次韵晁尧民赠张隐人

卢泉之水名河长，裂胯不到空莽苍。

读君诗句心已凉，便觉满耳清浪浪。

彼方逐臭如窃香，肝膈素饱神鹰扬。

有客饭水衣朝阳，睥睨不语中何伤。

过从德君想更乐，直欲造化穷微茫。

何当相从老此水，桀跖夷齐均是死。

这首诗以寓言来发议论。设想卢泉之水傍有两个人，一个人逐臭就像窃香一样热切，当他吃饱了腐臭的肉后就神采飞扬；而另一个人以水为饭，以朝阳的光芒为衣，一心追求高远的境界。可是作者笔锋陡然一转，"桀跖夷齐均是死"，我只想"相从老此水"，在死亡面前高尚和卑劣都是平等的，高尚者自高尚，卑劣者自卑劣。而我们面对人生的态度，选择的人生方向又该如何呢？诗到此处戛然而止，待人回味。

（4）李之仪的一些诗歌如一篇书信体的散文，头绪多。且看：

送保定钱弼违且约相见后行

平生不愿与物忤，所向未始值坑谷。浊斯濯足清浊缨，世间此理固纤曲。朱颜见君一笑可，两眼照人光煜煜。
深沉不可犯毫发，迟暮已许同松竹。去年相逢俨如昨，
叹我何殊侵晓烛。衰残壮盛等复虚，且可清樽对蔌蔌。
军兴百邑不可遏，与期纵横犹沸粥。念君去替无几日，
颇复驱驰随检束。君方抚掌笑我迂，物理循环同一局。
有来则受去莫追，忍看纷纷自鱼肉。我愧君言但首肯，
明朝君去追奔轴。临行春色已无有，勉强歌呼趁红绿。
思君不见一长吁，忽得书来亲愈笃。约我归来叙离别，
满纸抑扬疑谕蜀。岂知重门锁白首，迹虽伏枥心麋鹿。
寄声少作旬浃计，莫便云间参去鹄。乖离会合杳难量，
君能规规如世俗。

　　这首诗从感慨自己的身世写起，"平生不愿与物忤，所回未始值坑谷"。"浊斯濯足清濯缨，世间此理固纤曲"，表现自己对世事人生的理解。接下来写去年见钱弼违的情景：只见钱弼违气度非凡，"朱颜见君一笑可，两眼照人光煜煜。深沉不可犯秋毫，迟暮已许同松竹"，钱弼违的神采对比出自己的衰老，于是转而感叹自己"去年相逢俨如昨，叹我何殊侵晓烛"，自己已年迈，如同燃烧到晓的蜡烛，"衰残壮胜等复虚，且可清樽对蔌蔌"，年华空逝，姑且对着菜蔬饮酒。接下来写钱弼违的离别，先写军事，"军兴百邑不可遏，与期纵横犹沸粥"，为写钱弼违此去从事公务作铺垫，"念君去替无几日，颇复驱驰随检束"，写钱弼违此去务公，辛劳而又受拘束。接着荡开一笔，写钱弼违对曾经对自己的规劝，"君方抚掌笑我迂，物理循环同一局。有来则受去莫追，忍看纷纷自鱼肉"，又写自己对这番话的"首肯"。接下来写自己在即将分手时的依依惜别之情。然后写就在这个时候，接到了钱弼违的书信，约定自己再回来的时候与李之仪叙离别之情，这些话令李之意又感动又兴奋，接下来写自己的一番感受。

这首诗虽然围绕"送保定钱弼违且约相见后行",但絮絮聒聒,头绪颇多。写了自己的身世感慨,自己衰如残烛的现状和生活状态。写到去年见到钱弼违的情形,又写此次离别及惜别之情,接下来写接到钱弼违的书信,约定将来见面叙别之事,接下来又写自己对此的一番感想。

总之,以文为诗最大的特点就是使诗歌有了散文的篇幅和语言,诗歌的容量更大,内容更丰富,不太讲究精炼,不太讲究超乎尘外高远的诗意,它使诗神降落到实在而真切的尘世中,这既是它有别于唐诗的地方,也许又是它令人颇感不满的地方,苏轼在《书黄子思诗集后》中说:

> 予尝论书,以为钟、王之迹,萧散简远,妙在笔划之外。至唐颜、柳,始集古今笔法而尽法之,极书之变,天下翕然以为宗师,而钟、王之法益微。至于诗亦然。苏、李之天成,曹、刘之自得,陶、谢之超然,盖亦至矣。而李太白、杜子美以英玮绝世之姿。凌跨百代,古今诗人尽废,然魏晋以来高风绝尘亦少衰矣。李、杜之后,诗人继作,虽间有远韵,而才不逮意。独韦应物、柳宗元发纤秾于简古,寄至味于淡泊,非余子所及也。唐末司空图崎岖兵乱之间,而诗文高雅,犹有承平之遗风。其论诗曰:"梅止于酸,盐止于咸,饮食不可无盐梅,而其美常在咸酸之外。"①

"萧散简远,妙在笔划之外"、"发纤秾于简古,寄至味于淡泊"、等语,强调诗歌要含蓄,耐人寻味,要有味外之味,但更重要的是在强调诗歌要有一种高远的情思,即"魏晋以来"的"高风绝尘"。苏轼认为当时的诗缺少兴寄高远,高情远韵,其原因也许正在这里。

---

① 《苏东坡集》卷二四,商务印书馆重印本。

艾青曾有一段话：

　　自从我们发现了韵文的虚伪，发现了韵文的人工气，发现了韵文的雕琢，我们就敌视它；而当我们熟识了散文的不修饰的美，不经过脂粉的涂抹的颜色，充满了生的气息的健康，它就肉体地诱惑了我们。①

　　"以文为诗"，既指内容上的特点，又指形式上的特点，比如：内容上日常的交际性，日常生活中琐碎心绪的表达；形式上指以议论为诗、散文句式，俗词语入诗等，从篇幅上的长度来看，主要指的是古体诗的特色。艾青的这番话，非常强烈地表现对诗歌散文化语言的热爱，出于对诗歌表现生活的新鲜感和真实感的考虑，但必须考虑的是诗歌既可下里巴人，又需要阳春白雪。朴实真切的生活确实足以动人，但引上云霄的诗情一样可以提升人的情操，使人获得高远的诗美享受。

　　李之仪的赠答诗表现了动人的友情，表现了与友人的交游之谊，抒写了他日常生活的种种感触，但这种高情远韵和高远的寄托是缺少的。

第五节　李之仪次韵诗的艺术特色

　　古代诗词唱和，由来已久，于宋为盛；中唐以前，和诗以和意为主，中唐以后，则以和韵为主。和韵又有用韵、依韵、次韵之别，尤以次韵为最难，而在两宋，次韵蔚然成风，李之仪亦不能免受风气之影响，次韵诗是其诗集中十分重要的部分。现将其次韵诗在诗作中所占比例，统计如下：

---

　　① 艾青：《诗论》，新文艺出版社 1953 年版，《诗的散文美》，第 227 页。

诗体		数目（首）	百分比（%）
古体诗	次韵诗	21	12.4
	其他	148	87.6
近体诗	次韵诗	71	13.9
	其他	440	86.1

严羽《沧浪诗话·诗评》说："和韵最害人诗，古人酬唱不次韵，此风始盛于元、白、皮、陆，而本朝诸贤乃以此斗工，遂至往复有八九和者。"① 正因为和韵最难，次韵诗才成了"斗工"的诗艺竞技，带有了以文字为诗的游戏性质。李之仪不仅大量地次韵友人之诗，有时来回唱和多次；而且还赓和己诗的原韵，成为"叠韵"；并有依韵和古人之诗，如"和陶诗"，而当苏轼去世后，还有对他作品的追和之作。李之仪对次韵诗有着执著的热爱，他在《观东坡集》中称："今朝又读东坡集，记得原州鞫狱时。千首高吟赓欲遍，几多强韵押无遗。固知才气原非敌，独有心期老不欺。泪尽九原无路见，冰霜他日看青枝。"他曾经多么忘我地赓和过苏轼的诗，而且绝不避险韵。

次韵诗因难见巧，唱和之际，切磋技艺，一争高下；独处时，又可翰墨自娱，富有游戏的滋味。同时，次韵诗又可以言志抒情，是与原诗作者的一次交流。次韵既是自由表达感情的束缚，又是因难见巧，触发诗思的创作契机，诗要作给别人看，就尤其要用心着力，反而作得更加认真，更加出色。

李之仪的次韵诗，从次韵的对象来看，多是李之仪的好友，常见的有苏轼、储子椿、陈君俞、秦观等，都是关系平等的诗友，正因为如此，有的次韵诗就成了一次知心的交流，如"艰生缧绁余，特尔脱魑魅"，"邂逅平生欢，笑语当歌吹。曲环岂人谋，明灭殆天吏。慰我云烟期，有脑鸿鹄志。百年一瞬尔，幸此半日地。聊摅广莫心。无作雍门泪"（《次韵秦处度同登黄山》）；老朋友之间的一次

---

① （清）何文焕辑：《历代诗话》（下），中华书局1982年版，第699页。

互勉，如"回头易陈迹，倾倒乃惆怅。乐事须勉旃，何适非酝酿。"（《次韵陈君俞携酒见过》）

李之仪的次韵诗有颇为成功的，如《次韵东坡所和滕希靖雪浪石诗古律各一（之古诗）》、《次韵东坡还自岭南》。

李之仪的有些次韵诗具有独特的复线式结构。因为次韵唱和，便有交际性质，周裕锴先生说："苏轼文人集团的唱酬诗也与前人不同，句法、押韵和用典等方面都显示出鲜明的交际性质"，"元祐时期的大量唱和，则几乎都按照诗人'我'（吾）与酬赠对象'君'（公、子、汝、先生、公子）之间的关系的模式展开，独白变成了交谈。作者在诗中如何处理'我'（自己）与'君'（他人）的关系。既要对朋友作出得体的应酬，无论是赞扬、勉励，还是劝慰、调侃，又要恰当地表现自我意识，无论是自许、自勉"，李之仪的次韵诗亦常常体现了这样的关系，但是由于他既要照顾到这个关系，同时又要兼顾唱和对方原诗所吟咏的内容，所以就使诗具有复线式的结构。比如：

和游一人泉

新诗解人颐，秀若披云鬟。突然不可揖，平地翻波澜。
褰衣愧招携，每见辄汗颜。况兹天际游，物理知难攀。
一来金陵居，终岁不得闲。胜践固畴昔，欲往独见删。
命驾等人尔，底事独我悭。岂非勒移灵，不许污名山。
因诗想其人，爱来直仍弯。裂脐那复惜，顿足已滞顽。
清甘似可饱，忽遽谁其还。何当强扶老，寄迹云霞间。
要须君意果，莫遣我盟寒。晓来雨脚断，去梦已班班。

"新诗解人颐，秀若披云鬟。突然不可揖，平地翻波澜。""因诗想其人，爱来直仍弯。"六句谈的是对方的诗，并由诗联及人，顾及的是"我"与"君"的关系；剩下的诗句，先说自己为何未能一起去游一人泉，由此引及希望有一天能够寄迹云霞的心愿，最后写去梦（归隐之梦）的破灭，这是关于"游一人泉"的事，正是原诗作者所吟咏的内容。一首诗可以明确地分出两个主题，在诗中，间隔出现，而彼此之间又没有什么联系。

又如：

和人雪意

雪意与春约，野情因物裁。辄将无穷思，聊摛有限才。
云容忽破碎，山色如招回。携持固夙昔，端为此济来。
岁晚君羁旅，微君谁我陪。只恐造化工，特地吹葭灰。
一剖不复收，寂尔为之胚。戢戢竞秀发，翩翩绝嫌猜。
恍然徒倚间，浩荡心胸开。境界适何许，次第分隔隈。
高足超日观，涂如下离堆。四顾始无间，忽觉惊初雷。
有形均难悉，无物非蒿莱。却应求仙源，失路迷天台。
波臣复笑屈，市门徒德梅。庶几未始得，掇拾同举杯。
攘袂即千古，一醉姑相媒。

这首诗同样有两个主题，一个是"雪意"，一个是"我与君"的主题，侧重于"雪意"，写了这场与春天一起来临的大雪，如何"云容忽破碎"，纷纷扬扬的下起来，这景象令人心胸浩荡开，又仿佛让人迷失于仙境中。而同时，作者不忘谈到"岁晚君羁旅，微君谁我陪"，岁已晚，君羁旅在外，而我又无人陪伴，可谓惺惺相惜。两个主题间隔出现，而到了篇末时候两个主题有所交融："波臣复笑屈"，是说水神嘲笑屈原这样自杀的人；"市门徒德梅"，是说人们徒然地赞叹梅福的隐逸。[①] 屈原和梅福是两种类型的形象，前者不遇即投

---

① 《汉书·梅福传》的典故："至元始中，王莽专政，（梅）福一朝弃妻子，去九江，至今传以为仙。其后，人有见福于会稽者，变名姓，为吴市门卒云。"（《汉书》第九册，第 2927 页）

江，后者不遇即隐逸。但看着洁白的雪世界，这两种人生选择都太过于执著，不如"庶几未始得，掇拾同举杯。攘袂即千古，一醉姑相媒"，珍惜相聚时光，举杯共饮，姑且忘怀这转瞬即逝，而又令人感慨的岁月。

这种复线式的结构，是元祐诗歌以文为诗的一种表现，诗歌成为简牍，传情达意，又无须太注意其统一性。

李之仪诗歌艺术特色的小结

诗如其人，诗亦如其人生，诗本是诗人们为自己谱写的一曲人生之歌。有什么样的学问，人生境界、品格修养均会在诗中得到展现。只有伟大的人格才能造就伟大的诗歌。李之仪学问不特深厚、生平际遇的坎坷又造就了狭窄的人生境界，他的议论缺少新鲜的趣味、雄辩的爽利、充斥浩然之气的心灵，同时又缺少唐人那样丰富的意象，结果就造成了诗歌的枯索之感。但李之仪的诗歌自有他平凡、真诚、动人的魅力。诗人以诗歌抒写了自己独特的人生。诗世界有高峰，也有小丘，不必责难小丘的矮小，因为他们曾那么认真地生活过和创作过。

第五章　李之仪的诗论

李之仪于诗颇有议论，散见于题跋、书信、序、诗作及一些他人作品的记载中。他结合自己的创作实践，同时接受了时代风气的影响和苏轼的启发，形成了颇成体系的一套诗学理论。可以从四个大的方面来看：

第一节　学诗的途径：从规范到自由

对于作诗，李之仪首先强调的是遵循规范。"作字为文，初必谨严于法"（《跋荆公所书药方后》），"叙事有法度"（《跋古帖》），"王舒王解字云：诗字，从言，从寺，寺者法度之所在也。可不信哉？"（《杂题跋》）这些话体现了他对诗歌规范的重视。

《钦定四库全书总目·太仓稊米集》卷一百五十八也记载方回作《太仓稊米集》跋中述周紫芝之言曰："作诗先言格律，然后及句法，得此语于张文潜、李端叔。"

李之仪强调作诗要遵循的法度规范，最为重要的是"格律"，然后才是"句法"。"作诗先言格律"，格律是律诗的基础，杜甫"虽数百韵，格律益严，盖操持诗家法度如此"（蔡《西清诗话》）[1]，更是树立了"句律精深"（《潘子真诗话》）[2]的典范。李之仪对各种诗体

---

① （宋）无名氏：《竹庄诗话》卷十所引，《四库全书》本。
② （宋）无名氏：《竹庄诗话》卷十三所引，《四库全书》本。

的规范是有十分明晰的认识和论述的，他谈道：

> 国风雅颂，分为四诗，言一国之事，言天下之事。形容盛
> 德，以告于神明，又以政之大小，而分二雅，此皎然已见者。
> 凡所谓古与近体，格与半格，及曰叹，曰行，曰歌，曰曲，曰
> 谣之类，皆出于作者一时之所寓，比方四诗而强名之耳。方其
> 意有所可，浩然发于句之长短，声之高下，则为歌。欲有所达，
> 而意未能见，必遵而引之，以致其所欲达，则为行。事有所感，
> 形于嗟叹之不足，则为叹。千岐万辙，非诘屈折旋，则不可尽，
> 则为曲。未知其实，而遽欲骤见，始仿佛传闻之得，而会于必
> 至，则为谣。篇者，举其全也；章者，次第陈之。互见而相明
> 也。近体见于唐初，赋平声为韵，而平仄协其律，亦曰律诗。
> 由有近体，遂分往体，就以赋仄声为韵，从而别之，亦曰古诗，
> 格如律；半格铺叙抑扬，间作俪句，如老杜古柏行者。(《谢人
> 寄诗并问诗中格目小纸》)

而且，在宋代学杜潮流的影响下，在自己诗歌创作中，对于格
律，李之仪要求一向是谨严的，他的律诗在无须拗救的地方，也进
行了拗救；他写了许多次韵诗，这些诗较量的就是在规定了韵、意
的情况下，依然律严而语工。作为一个非天才的诗人，李之仪的诗
歌创作态度是十分认真的，轻易不肯越雷池一步，或许能够带着镣
铐成功的舞蹈，本身就是一种欢娱，写诗的目的并不在于诗作本身，
而在于写作的过程。李之仪多次将作诗比作游戏，"半山老子偏游
戏，真一仙人每叹嗟。傍出豫章登一格，凭君细与辨龙蛇。"(《德循
诗律甚佳方幸拭目因作拙句以勉之》)"其于妄言绮语游戏所得，姑
用以排遣。"(《与政书记平叔》)"鲁直具正眼知为世矜式……予与之
厚，雅爱其善游戏，而于游戏中未尝不出眼目。"(《跋鲁直颐庵记
后》)"宋景文，则以其余力游戏，而风流闲雅，超出意表。"(《跋吴

师道小词》）既然作诗是游戏，那么就要认真地遵循游戏规则，这样的游戏才是有滋味的。

"句法"一词最早来自杜甫，宋代黄庭坚及江西诗派的诗人论及最多，李之仪虽然不是江西派诗人，但一样强调句法，大概是时代使然。而"句法"是什么呢，周裕锴先生在《宋代诗学通论》指出：句法指"谋篇布局等基本艺术规范"，除了格律还有其他作诗的规则，即有行布规则，又有飞扬变化的内容。①"法度"是必须遵守的规范，如格律和基本的起承转合的模式，但"句法"却是可以选择的，但也以"法度"名之，体现了宋人对这些经验的尊崇。

李之仪也谈到了一些"句法"：

如：

> 作诗要字字有来处。但将老杜诗细考之，方见其工。若无来处，即谓之乱道亦可也。王舒王解字云："诗字，从言，从寺，寺者法度之所在也。"可不信哉？近得蔡天启句法，颇得其趣，尝记其一联云："草长蝴蝶狂深见，兴尽黄蜂欲退飞。"乃"穿花蛱蝶深深见"，与"六鹢退飞过宋都"也，然用之惟在不觉，若觉则不工矣。（《杂题跋》）

> 师道近诗度越唐人多矣，岂融渥所能仿佛。其妙处略无斧凿痕，而字字皆有来历。（《跋吴师道诗》）

强调"字字有来处"、"字字有来历"，是宋代诗人的共识。宋诗是一个以学问、以典籍为诗的时代，宋人认识到，语言凝聚了丰富的历史文化内涵，将它们在诗中化用，可以达到言约意丰的效果；同时，诗歌本是语言艺术，在诗中巧妙的化用典籍中的语言，可以达到十分精彩的表达效果，如王安石"一水护田将绿绕，两山排闼

---

① 周裕锴：《宋代诗学通论》，巴蜀书社1997年版，第205—207页。

送青来"（《书湖阴先生壁二首》）。此外，李之仪还对化用的效果提出了要求，"然用之惟在不觉，若觉则不工矣"，类似的话还有"李端叔尝为余言：东坡云：'街谈市语皆可入诗，但要人熔化耳。'"（《说郛》卷八十四上）。要将他人的诗句、俗语熔化入自己的诗中。

李之仪还说：

> 比发封展玩，则吾希韩之诗也。数十语之间，铺叙一场佛事，了无毫发可间其隙。（《题所和丁希韩诗后》）

诗歌各方面要统一配合，使诗歌达到周密完美的境地。

此外：

> 早来承手示，修以佳句，如淮阴用兵，多多益善，至其背水而阵，则真所谓变化若神，忽然雷轰电霭，章邯之军，不足破也。钦叹钦叹。（《与友人往还》）

赞赏诗歌"变化若神"，这一点与黄庭坚也有相似之处："始学诗，要须每作一篇，辄须立一大意，长篇须曲折三致焉乃为成章耳。"（《山谷集》卷六）① 黄庭坚像一个当今社会辅导公文写作和高考作文的老师，总结了一些秘诀，他将平时诗人们已有所悟的诗法，明确地，甚至量化的总结出来。诗歌在宋代不像在唐及唐以前，那么注重感悟和神思的浑融。黄庭坚认为："百工之技亦无有不法而成者"（《论作诗文》），"经国之大业"的文学创作，在这里成了有可操作途径的"百工之技"，虽然他们也承认诗歌创作"可与造化争工"，但还是认为在一定程度上是有规律可循的，这体现了宋人的理性精神。

---

① 《四库全书》本。

李之仪不像黄庭坚那样对诗歌句法有充分的总结，但对宋代诗人来说，许多作诗的句法、规范，都是不言而自明的。

那么怎样才能够掌握这些格律、句法呢？李之仪说：

> 师道近诗度越唐人多矣，岂融渥所能仿佛。其妙处略无斧凿痕，而字字皆有来历。论诗如舒王，方可到剧挈之地；编四家诗，从而命优劣，兹可见也。（《跋吴师道诗》）

> 曾子固谓苏明允之文，丰而不余一言，约而不失一辞，虽春秋立言亦不过如是。概而论之，惟明允可以当此，非子固亦不能形容至此。鲁直以摩诘六言诗，方得其法，乃真知摩诘者，惟其能知之，然后能发明其秘要。须咀嚼久始信其难。然则何独诗耶？凡落笔皆能如明允，斯可以论文矣。鲁直此字，又云，比他所作为胜。盖尝自赞以为得王荆公笔法，自是行笔既尔，故自为成特之语，至荆公飘逸纵横，略无凝滞，脱去前人一律，而讫能传世，恐鲁直未易到也。（《跋山谷书摩诘诗》）

首先要广泛的参悟诗作，"编四家诗，从而命优劣"，从而把握诗的好坏、优劣，提高品味和鉴赏力。此外，要对他人的作品进行深入揣摩，直至"发明其秘要"，这与黄庭坚号召人们熟读陶渊明、杜甫和建安作者之诗，体味其中的句法和精神，不仅要"熟读"，而且要"入神"，领会"古人用心处"（《与王庠周彦书》、《与王子予书》）是一致的。

接着，要通过训练，逐步提高：

> 作字为文，初必谨严于法，造语须有所出，行笔须有所自，往往涉前人辙迹。则为可喜，久之语以不蹈袭为工。字则纵横皆中程度。故能名家传世，自成标准。

模拟是学诗的必经之路，学习的目的是最终能够熟练地掌握和运用这些规范，他说：

> 东坡每属词，研墨几如糊，方染笔。又握笔近下，而行之迟。然未尝停辍，涣涣如流水，逡巡盈纸，或思未尽，有续至十余纸不已。议者，或以其喜浓墨，行笔迟为同异，盖不知谛思乃在其间也。杨文公与人对弈饮酒次，人或以文为请，即以方角小纸，蝇头细字，运笔如飞，而与饮弈不相妨。其词又皆实以前世事，对偶精密，引据审确，所命意灿然如掌握中，而利害明白，不容有所增损。二公皆一时异人，固未易优劣。要之东坡之浓与迟，出于习熟；而文公之小纸细字，亦非有所必也。故知熟则生之，生则熟之，贵乎无所滞阂尔，至其饮弈相参，而各能办，则东坡不善饮弈，一小杯则竟醉睡或鼾，亦未尝放笔，既觉，读其所属词，有应东而西者，必曰："错也。"但更易数字，因其西而终之，初不辨其当如是也。（《庄居阻雨邻人以纸求书因而信笔》）

他十分欣赏东坡与杨文公思无阻碍，一气呵成的创作状态，认识到他们之所以达到这种境界，是因为："要之东坡之浓与迟，出于习熟；而文公之小纸细字，亦非有所必也。故知熟则生之，生则熟之，贵乎无所滞阂尔"，重要的是熟练之后，才能够得心应手。与大慧宗杲所说："时时提撕话头，提来提去，生处自熟，熟处自生矣。"（《大慧普觉禅师语录》卷二十九《答黄知县》）是一致的。

在长期认真勤奋的创作实践中，李之仪不断有创获的喜悦，《又谢仲辉》的信中给我们提供了他晚年在当涂，诗歌创作达到较为自由境地的记录：

> 载搜子建之波澜，宛若燕公之黼黻，字字有据，如古人特

为推排，表表愈工，非衰绪所能窥测，但惊口角之流沫，又如笔下之生风。用谨家传，永为文格。

"子建之波澜"，来源于杜甫的诗句："文章曹植波澜阔"、"毫发无遗恨，波澜独老成。"宋人旧注："曲尽物理，故无遗恨；才思浩瀚，故如波澜；兼词意壮健，故有言老成也。"（《九家集注杜诗》卷十七）赵彦材注云："学者如悟此两句，便会作好诗矣，一篇既好，其中才有一字一句不佳，虽入毫发之小，则心自慊慊有恨矣。波澜，言词源之浩瀚；既有波澜，而又老成，则不徒为泛滥矣。"（《九家集注杜诗》卷十七）据此，周裕锴先生将"波澜"解释为"才思或词源的纵横捭阖"，李之仪给我们描述了他这种笔下生风，思如泉涌的创作状态，值得注意的是，他强调伴随着这样酣畅淋漓的创作，却依然是"字字有据，如古人特为推排；表表愈工，非衰绪所能窥测"，诗文的自由挥洒，并没有妨碍规范的遵循，相反规范体现得更为充分。李之仪曾在《庄居阻雨邻人以纸求书因而信笔》记述了一次完美的创作状态：

> 杨文公与人对弈饮酒次，人或以文为请，即以方角小纸，蝇头细字，运笔如飞，而与饮弈不相妨。其词又皆实以前世事，对偶精密，引据审确，所命意灿然如掌握中，而利害明白，不容有所增损。

"命意灿然如掌握中，而利害明白，不容有所增损"，并不妨碍用典、对偶的准确、精当。总之，李之仪创作的理想境界，不是要抛弃规范，相反是在表达中更高明的体现规范。他主张的诗歌创作是带着镣铐的完美的舞蹈。

第二节　诗歌创作的佳境："造语贵成就"

"造语贵成就"的提出，是李之仪评吴思道诗所言：

> 东坡常谓余曰："凡造语贵成就，成就则方能自名一家。如
> 蚕作茧，不留罅隙矣。子华韩致光所以独高于唐末也。"吴君诗
> 呦呦殊逼近，时人未易接武。余虽未识其面，呻吟所传感叹不
> 已，聊摘其警策以实来索。（《跋吴师道诗》）

宋人有很强的创新意识"丈夫自有冲天志，不向如来行处行"，从李之仪的诗论和创作来看，李之仪并不特别追求创新，他主张熟练的掌握创作规律，结合自己的创作个性，创作出自成一体的完美的作品。

李之仪的"造语贵成就"更偏向于清代郑方坤所论：

> 然予尝以为天下万事皆有一定之法学之者，须循序而渐
> 进。如学诗，则且当以此等为法，庶几不失古人本分体制，向
> 后若能成就变化固未易量。然变亦大是难事，果然变而不失其
> 正，则纵横妙用何所不可，不幸一失其正，却似反不若守古本
> 旧法以终其身之为稳也。李杜韩柳初亦皆学选诗者，然杜韩变
> 多而柳李变少，变不可学，而不变可学，故自其变者，而学之
> 不若自其不变者而学之，乃鲁男子学柳下惠之意也，呜呼学者
> 其毋惑于不烦绳削之说，而轻为放肆以自欺也哉。（《全闽诗
> 话》卷三）

李之仪的"造语贵成就"，并不违背基本的作诗规范，绝不似黄庭坚一样以拗句追求出其不意的表达效果；也不妨以陈言入诗，只

是不随人后，亦步亦趋，从内容到体制上均加以模仿，他强调的是能够熟练而灵活地运用前人诗中表现出来的句法规范。他讲究学诗，先以"涉人辙迹则为可喜"，但最终要"度越"，（《跋吴师道诗》云："师道近诗度越唐人多矣，岂融渥所能仿佛"，"度越"并不是跳出规范，他说："鲁直此字，又云，比他所作为胜。盖尝自赞以为得王荆公笔法，自是行笔既尔，故自为成特之语，至荆公飘逸纵横，略无凝滞，脱去前人一律，而讫能传世，恐鲁直未易到也。"又说"或谓习字正如习马，步骤驰骋各有先后，一失其节，御者所愧，至其奔逸绝尘，则乃能见其材"，虽然在论书法，但也足以论证李之仪的诗法，"脱去前人一律"并不是不遵循前人法度，而是巧妙地运用法度，使创作达到浑然一体，高度完美的境地。他用"目无全牛"来表现自己的创作佳境，这是诗歌各环节的规格布局了然于胸，从而作出语言结构命意等各方面完美结合的作品的创作佳境。也就是熟练地掌握诗歌创作规律，在具体创作中，结合自己的创作个性，随表意的需要，对创作规律灵活运用，从而创作出新诗来。

创作效果上要追求完美，即"如蚕作茧，不留罅隙"，结构，语言、内容等各方面均达到什么完美的境界，紧密配合，使诗达到十分圆满的境地，"叙事有法度，殆无一字虚设"（《跋古帖》），"曾子固谓苏明允之文，丰而不余一言，约而不失一辞"（《跋山谷书摩诘诗》），达到毫发无遗憾的境地。

"造语贵成就"，还体现了李之仪对创作风格多样化的尊重。对吴思道诗的推崇可以集中地看出这一点：

读吴思道藏海诗集效其体

唐末诗人自一家，剪裁风月间莺花。

凭陵堕绪篇篇胜，点缀余妍字字斜。

远水连天来怨笛，烂霞烘日带栖鸦。

法书警句真如此，流落桑榆重叹嗟。

吴思道学晚唐诗（"远水连天来怨笛，烂霞烘日带栖鸦"典型的晚唐诗境），自不是创新，但重要的是他善于"剪裁"、遣词、寄托情思，已经达到"篇篇胜"的效果。《说郛》卷八十二记载：

> 高秀实又云："元氏艳诗，丽而有骨；韩渥《香奁集》，丽而无骨。"时李端叔意喜韩渥诗，诵其序云："咀五色之灵芝，香生九窍；咽三危之瑞露，美动七情。"秀实云："劝不得也，劝不得也。"

可以看出李之仪对晚唐诗风的喜爱。"有骨"与否，是宋代一个重要的审美标准，但李之仪并不因为韩渥诗"无骨"，就否定它，重要的就在于它自我成就，语言格调方面均有自己的特色。李之仪受苏轼的影响很大，尽管如此，从具体诗歌创作来看，他很少模仿苏轼，比如苏轼的谐趣、奇趣与理趣，在他的诗里极少见到。李之仪曾作诗《常爱东坡"去年花落在徐州，对月酾歌美清夜。今夜黄州见落花，小院闭门风露下"二诗，因即其韵聊寄目前》，在东坡的原诗中多精彩的写景造境之句，尽管李之仪十分喜爱苏轼的原诗，但在他的和诗中，只用了它的韵，内容上则写自己的生存状态和心理，风格差异明显。

"唐人好诗乃风俗，语出工夫各一家。"（《德循诗律甚佳，方幸拭目，因作拙句以勉之》）李之仪认为，只要自成一格，诗歌创作就有自己存在的价值。在宋代超越唐诗，追求创新，已成风气，但李之仪认为诗歌风格应该是多样的，即使唐诗风范仍存于本朝，只要自我成就，"如蚕作茧，不留罅隙"，都可以自成一家，足以传世。

第三节　作诗的核心问题：命意与造语

李之仪认识到诗歌有个核心的问题，那就是命意与造语，他说：

> 或谓子美作此诗，备诗家众体，非独形容一时君臣相遇之盛，亦可以自况，而又以悯其所值之时不如古也。第深考之，信然。作者苟能周旋于其命意造语之际，于诗于履践皆可追配昔人，不当止谓之诗而易之，盖自风雅之后，正宜有取于此，世无孔子，故单见浅闻，有所分别，良可叹也。（《跋古柏行后》）

且以李之仪对杜甫一首诗的评价来看：

> 元结云：天子幸蜀，太子即位于灵武，上皇还京师。杜甫《杜鹃》诗云：杜鹃暮春至，哀哀叫其间。我见常再拜，重是古帝魂。又云："生子百鸟巢，百鸟不敢嗔。仍为喂其子，礼若奉至尊。"又云："君看禽兽情，犹解事杜鹃。"书天子幸蜀者，犹天王狩河阳也；书太子即位者，犹不当即位也；书上皇还京师者，不应尊而尊之，非其志也；还犹来归而京师者，上皇之故物也；哀哀叫其间者，哀其播迁而终不返正也；见而再拜者，痛愤其失所也；非其巢而辄生子与喂之者，谓能知恩而识序也；辛云犹解事之云者，嫉之之甚也。语言出于二人，而忿世嫉邪互相表发，出于一律。盖两人，后未足与议先后也。圣人之言以法万世，故能呻吟情性以讽其上，而春秋不没其实以示一字褒贬者，正在于此。（《跋山谷读中兴颂诗》）

李之仪认为杜甫的《古柏行》一诗，命意丰富曲折："非独形容一时君臣相遇之盛，亦可以自况，而又以悯其所值之时不如古也"，能够表现如此"命意"的"造语"也自不同凡响；而《跋山谷读中兴颂诗》则直接评述了杜甫《杜鹃》诗，是如何巧妙"造语"的，即以"杜鹃"事托讽而出"命意"。

在李之仪自己的创作上，也是十分重视"命意"与"造语"完美结合的，我们来看一首李之仪颇为自得的诗：

次韵东坡所和滕希靖雪浪石诗古律各一（之古诗）

> 风波末路方奔屯，屹然不动谁如尊。
> 岂知胸中皎十日，顾盼不接无重昏。
> 东观海市俯弱水，南登赤壁凌江村。
> 斯文未丧天岂远，出没狐鼠徒千门。
> 纶巾羽扇晚自得，已闻漠北几亡魂。
> 由来好趣入造化，地灵特出云涛根。
> 生平到处苦再历，隐隐似有屐齿痕。
> 玻璃镜里万象发，金粟堂中千偈论。
> 会须白玉漱寒水，更借落月倾金盆。
> 咄嗟菱溪成底物，混沌空夸窍凿存。

注：雪浪石是哲宗八年苏轼贬知定州后在后园中发现的，这石头黑质白脉，中涵水纹，展示出若隐若现的山水画卷。

这是一首对苏轼诗的和诗，借雪浪石写苏轼，全诗充满了奇思妙想。诗开头："风波末路方奔屯，屹然不动谁如尊。"可以看作在写雪浪石不动如尊，也可以看作苏轼在末路奔波中，"岂知胸中皎十日，顾盼不接无重昏"，动荡的生涯和坎坷的命运并没有使苏轼陷入痛苦而不知所之的境地。相反他借贬谪，历览胜迹，"东观海市俯弱水，南登赤壁凌江村"。在偏僻荒远的贬所，"斯文未丧天岂远"，对苏轼的精神价值的高度概括。"纶巾羽扇晚自得，已闻漠北几亡魂"，又写出了苏轼的悲哀，生命流逝，却不能有用于时。接着写到雪浪石"由来好趣入造化，地灵特出云涛根"，又马上联系到苏轼，"生平到处苦再历，隐隐似有屐齿痕"。

真是奇思妙想，把石与苏轼的生平结合起来写，在石上小小的方寸之地看到苏轼的奔波劳苦，雪浪石成了苏轼人生踪迹的象征。全诗不离于石，又不囿于石，借小小一方石头，写出了丰富的内容，涵盖了苏轼的一生，构思精巧，情丰意美。难怪李之仪在其后又写了一首律诗云："便觉诗源得三昧，目中无复有全牛。"他对这首古诗的创作是十分满意的，正因为它达到了"周旋于其命意造语之际"的完美效果。

"命意"与"造语"是宋人广泛加以讨论的话题，既有分别讨论的，又有将二者放在一起讨论的。如：

> 为文以造语为工，当意深而语简。（《说郛》卷二十四上）
>
> 构思险怪而造语精圆，三谢皆出于此。（《说郛》卷七十九匣，郭璞条）
>
> 圣俞常谓予曰：诗家虽率意而造语亦难，若意新语工，得前人所未道者，斯为善也。（《说郛》卷八十二上）

宋人在诗中好传达自己的"意"或"志"，不像唐诗那样重在表现某种印象和感受，在表现"意"或"志"时，他们提出了"命意曲折"的观点，如："布置者，谓全篇用意曲折也。"（《诗宪》）"命意曲折"有两重含义：一是命意丰富，构思巧妙。如杜甫之《古柏行》，命意可谓丰富，李之仪之咏雪浪石，表现苏轼的人生经历和精神价值，可谓意丰，但巧借石头一块，巧妙联想，以小见大，一箭双雕，可谓构思巧妙。二指表意时的含蓄，如杜甫之《杜鹃》托讽以出其意；有时为了追求含蓄的效果，甚至隐藏"意脉"，迫人阅读时发挥想象和联想，巧妙联系。

李之仪将"命意"与"造语"联系起来，认为只有二者紧密配合，才得完美，实深知诗者。

第四节　以禅喻诗

要谈"以禅喻诗"，首先要提"严羽"，因为他自称"以禅喻诗，莫此亲切，是自家实证实悟者"①，要认识"以禅喻诗"的意思，就要弄清楚这样一个问题：禅在何种意义上与诗相通？禅对诗最大的启发关键在于一个"悟"字。"悟"在宋代诗人那里内涵丰富。因此，"悟"的含义决定了"以禅喻诗"的内涵。学者由于不能区分"悟"实际有多层意思，而导致论述的混乱和片面。根据"悟"的多层含义，严羽提出的"以禅喻诗"实际包含三层意思：一、鉴赏之"悟"。二、诗法之悟。三、作诗时的特殊思维方式——"妙悟"。

以下加以分别论述：

一、鉴赏之"悟"。通过对各种艺术风格的辨析，最后选中汉、魏、晋、盛唐为师，并透彻地理解其"莹澈玲珑，不可凑泊"，"言有尽而意无穷"的诗歌审美特征。这实际就是所谓的"饱参"和"熟参"。他说：

> 作诗正须辨尽诗家体制，然后不为旁门所惑。今人作诗差入门户者，整以体制莫辨也。世之技艺，犹各有家数……仆于作诗，不敢自负，至识则自谓有一日之长，于古今体制，若辨苍素，甚者，望而知之。来书又谓忽被人捉破发间，何以答之？仆正欲人发问而不可得者。不遇盘根。安别利器？吾叔试以数十篇诗，隐其姓名，举以相试，为能别得体制否？惟辨之未精，故所作或杂而不纯。
>
> 妙喜自谓参禅精子，仆亦自谓参诗精子。尝谓李友山论古

---

① 严羽：《沧浪诗话·诗辨》。

今诗人诗，见仆辨析毫芒，每相激赏，因谓之曰："吾论诗，若
那咤太子析骨还父，析肉还母。"友山深以为然。①

对于自己辨析各种诗体风格的本领，严羽是相当自负的，而这
种本领乃在于他刻苦的鉴赏实践基础上的"悟"。深入领会诗体风格
特点的基础上，辨识各种风格的结果是，他"悟得"汉魏晋盛唐诗
歌是最为出色的，他自诩这是自己的一个伟大发现。

郭绍虞先生认为严羽的"妙悟"有二义：一指第一义之悟，以
汉魏晋盛唐为师；二指透彻之悟，重在透彻玲珑不可凑泊②。所谓的
"第一义之悟"就指此，而"重在透彻玲珑不可凑泊"的"透彻之
悟"是悟得"以汉魏晋盛唐为师"的根本原因。而"故学者要先以
识为主，如禅家所谓正法眼者。直需具此眼目，方可入道。"（范温
《潜溪诗眼》引黄庭坚语）也是指此。

二、诗法之悟。诗人如何掌握汉魏晋盛唐诸公透彻玲珑不可凑泊
之诗的创作技巧，严羽认为这也要通过长期的"悟"来达到。他说：

工夫须从上做下，不可从下做上。先须熟读楚辞，朝夕风
咏以为之本；及读古诗十九首，乐府四篇，李陵苏武汉魏五言
皆须熟读，即以李杜二集枕借观之，如今人之治经，然后博取
盛唐名家，酝酿胸中，久之自然悟入。③

严羽为学诗者指明了学习的途径，那就是朝夕讽咏，久之自然
悟入。

其实禅悟，是一种自己在学习和亲自的实践中突然强烈体会和

---

① 严羽著，郭绍虞校释：《沧浪诗话校释》，人民文学出版社 1961 年版，所附《答
出继叔临安吴景仙书》。

② 郭绍虞主编：《中国历代文论选》第二册，上海古籍出版社 1980 年版，第 429 页。

③ 严羽：《沧浪诗话·诗辨》。

感悟到的人生真谛的过程。但这个过程强调的是"自证自悟",禅师
们对第一义讳莫如深,正在于强调"理"的不可传授性。如果仅限
于传授,对愚昧之徒不仅无益反而有害,所以禅师们一再关照参禅
者要自悟,而且要不断地增进这种悟的境界,直到大彻大悟。禅师
们试图拯救世人于心理的水火之中,一再强调迷误只因心灵被迷惑
了,但是要拯救世人的人又只能是他们自己,只有自己去悟道,那
样的悟道才是真实、深刻的。但这个"悟"的过程也离不开"学理
的储积","学理"成为参悟里程中方向的指标。平素对佛理一无所
知。而某一时突然悟得佛教真谛,是不可想象的,南朝高僧竺道生
说:"夫未见理时,必须言津。既见乎理,何用言为?其犹筌蹄以求
鱼兔,鱼兔即获,筌蹄何施?"(《法华注》)道生的意思是说,在没
有体悟到佛教"真谛"以前,名言概念是津梁,但这个津梁是必须
的;而一旦得悟,名言概念又必须抛开,不能掺杂其间。所以虽然
佛法大义不可说,但或明或暗的说法却并不少。

"悟"是一种从理性到身心的全方位的认同,伴随着深刻而真
诚的自我体验。这个"悟得"的过程伴随着大量理性的思索,而
心灵的体悟,无疑也是需要概念来确认和表达的,伴随着自我体
验的深入,瞬间的妙悟会豁然降临,昭示著书中之理的正确性,
同时伴随着身心极大的切身体会和认同感,而以往所学之理,所
遇之事也会在瞬间豁然贯通——原来古人真正的意思是这样的!真
理总是"老生常谈"的,但只有真正体会它的人才能真正理解它,
所以真理常新!禅悟本是一个长期修行,偶然悟道,又不断深入
悟道的过程。严羽认为学诗"悟入"的过程正是这样的:朝夕讽
咏,久之自然悟入。

关于"以禅喻诗"的这一层意思,钱钟书先生最为强调。他说:

　　严沧浪《诗辨》曰:"是有别才非书,别学非理,而非多
　　读书穷理,则不能极其至。"曰:"别才",则宿世渐熏而今生

顿见之解悟也；曰："读书穷理以极其至"，则因悟而修，以修承悟也。可见诗中"解悟"，已不能舍思学而不顾；至于"证悟"，正自思学中来，下学以臻上达，超思与学，而不能捐思费学。①

首先，钱先生在这里论述的是"诗法"之悟的过程，而不是具体"诗句"之悟得的过程。他说，诗需"别才"是严羽经过长期学习实践而一朝悟得的道理。而这个"解悟"的过程是不断读书穷理，不断实践修持，反复悟（即"证悟"），而终成大悟得过程，思与学在这个过程中是不可或缺的。他又说：

犹夫欲跃深涧，非足踏实地，得所凭借，不能跃至彼岸；顾步步而行，趾不离地，及岸尽裹足，惟有盈盈隔水，脉脉相望而已。②

他在这里把学与思比作跃深涧前的脚步，而"跃"才是"悟"。钱钟书先生说：

钝吟真固哉高叟矣。其乡后学王东溆《柳南续笔》卷三引钱圆沙语："诗文之作，未有不以学始之，以悟终之者"；以为可补沧浪之说，钝吟并妙悟而诋之过矣云云。实则沧浪致意本如是，初不需补也。③

这几句话我们可以更加鲜明的看出来，钱锺书先生把严羽以禅喻诗理解为"诗法"和写诗技能，经过长期的实践和思考而终于获

① 钱钟书：《谈艺录》，中华书局1984年版，第99页。
② 同上。
③ 同上书，第101页。

得的过程，这个过程充满了理性思维。可以说没有理性的认知和思维，就不可能有诗道参悟的过程和结果。

实际上严羽以前大量的宋代诗人也正是从这个角度"以禅喻诗"的，如："直待自家都了得，等闲拈出便超然"、"学诗浑似学参禅，悟了方知岁是年"、"学诗浑似学参禅，竹榻蒲团不计年"（吴可《学诗诗》），"学诗大略似参禅，且下功夫二十年"（陆游《赠王伯长主簿》），"诗则一字不可不工。悟而工，以渐不以顿。"（方回《清渭滨上人诗集序》）

又如林希逸说：

> 然后山尝曰："学诗入学仙，时至骨自换。"余则曰：学诗如学禅，小悟必小得。仙要积功，禅有顿教。（《竹溪鬳斋十一藁续集》卷十三）

都是讲通过长期的研习，终于深入的体悟诗法，具备创作好诗的能力。

实际"以禅喻诗"的这两方面的含义，在具体实践中有统一的一面，因为在学诗的过程中，自然会透彻理解"莹彻玲珑不可，不可凑泊"、"言有尽而意无穷"的诗歌审美特性，并掌握创造这种诗美的能力，鉴赏与写诗技能的悟入，是可以同时进行的，如"学诗浑似学参禅……高山流水自依然。"（《诗人玉屑》卷一）"学诗浑似学参禅……须知妙语出天然。"（《历代诗话续编·南濠诗话》）但严羽强调入门须正，工夫须从上做下，"行有未至，可加工力；路头一差，愈骛愈远；由入门之不正也"[1]，所以学诗必先如盛唐诗人一样悟入第一义，然后才开始学诗的写作。

北宋诗人与严羽均讲究悟入诗法，但是北宋诗人写出的诗歌却遭到了严羽的批评，何故？就是因为北宋诗人悟入的不是盛唐诗风，

---

[1] 严羽：《沧浪诗话·诗辨》。

同时写作是采取的思维方式也不是严羽所说的"妙悟"，那么严羽的"以禅喻诗"的第三点乃是：他主张创作具体的诗歌时，应采用"妙悟"的思维方式，他说："大抵禅道惟在妙悟，诗道亦在妙悟。且孟襄阳学力下韩退之远甚，而其诗独出退之之上者，一味妙悟而已。惟悟乃为当行，乃为本色。"① 其实严羽所说：诗之有神韵者，如水中月，镜中像，透澈玲珑，不可凑泊。不涉理路，不落言筌。这些话乍一听来是够玄妙的，再与王弼《周易略例》"得意在忘象，得象在忘言"联系起来，更觉神妙，不可捉摸，其实在严羽看来盛唐诸公的作品恰恰是这样明摆着的典范，确实"行到水穷处，坐看云起时"要比"飞鸿踏雪泥"更显得不涉理路，不落言筌一些，但是严羽最关心的乃是创作出这种诗歌时的心理特点——妙悟。从这方面加以论述的学者颇多，如：张晶《禅与唐宋诗学》② 认为："禅的核心在于'悟'，而'悟'正是一种心理过程，也可以说是一种思维方式"，而这种思维方式"首先是诗的审美意象的非逻辑思维方式"而后他又强调"不以逻辑思辨为思维方式，并不等于是'非理性的'"，因为"审美直觉创造出审美意象，而这审美意象包容着、沉积着理性的思考与洞察"。周振甫先生则说"这番以诗喻禅的道理（指严羽的话），用今天的话来说，就是诗用形象思维"，"通过形象反映生活，形象与生活之间应当有一个距离，它既离不开生活，又不等同于生活"。

　　还有一种观点认为"妙悟"主要是指诗歌创造过程中的灵感状态，如周来祥、叶秀山先生早年写的文章说："妙悟"就是指诗歌（艺术）认识现实的特殊思维过程中的重要一环，相当于我们平常所说的灵感。③ 吴调公先生认为"妙悟"可以从创作和鉴赏两个方面来

---

① 严羽：《沧浪诗话·诗辨》。
② 张晶：《禅与唐宋诗学》，人民文学出版社 2003 年版。
③ 《论〈沧浪诗话〉》，《北京大学学报》1969 年第 3 期。

认识，指创作而言，则偏于灵感。① 皮朝纲先生从审美的心理角度谈到"妙悟"就是我们平常所说的审美直觉、灵感。② 但是苏黄作诗，亦有灵感，但作出的诗不是盛唐人作出的诗，这里有个思维方式的不同。

禅宗的"悟"，其结果乃是一种道理的领悟，从这个方面看，将"以禅喻诗"之"悟"看作第二种（诗法之悟），其实更有可比性；而作诗"妙悟"的结果乃是技巧、形式、内容各个方面浑然一体、美妙的诗句，显然更似"灵感"，但灵感长期积累，偶然得之，就连作者也难以掌控它的来去，而"一味妙悟"即可以使孟襄阳写出漂亮的诗来，显然这里的"妙悟"是一种特殊的思维形式，不把"妙悟"看作是一种灵感状态，还有一个简单的原因，苏黄作诗皆曾有"灵感"，但他们写出来的诗却并不是严羽所赞赏的"盛唐诸公"所作的诗。一些学者把严羽的"妙悟"看成灵感，但他们仅仅描述了获得灵感状态时的心理状态——"冲动勃发时不可遏制，而遭到外物干扰则马上无影无踪"，严羽所强调的乃是如何获得这种"灵感"状态的思维方式，而这种思维方式的结果是写出"莹澈玲珑，不可凑泊"、"言有尽而意无穷"的诗句来，而非宋诗人涉理路，落言筌的诗句。所以，"妙悟"，乃是指一种整合式的思维方式，具有混融性，包含形象思维的特征。"一朝悟罢正法眼，信手拈出即成章"，就指悟得了写诗应采用的特殊的思维方式，当然不一定指严羽的"妙悟"。

关于严羽的"以禅论诗"，还有的学者与禅宗不立文字联系起来，比如钱钟书先生就说："沧浪'不涉理路，不落言筌者，上也'，犹《五灯会元》卷十二谷隐曰：'才涉唇吻，便落意思，尽是死门，终非活路。'"我认为禅宗的不立文字乃在于逃避用直接或间接的方式说出佛法大义，就必须逃避表达，因为理是不可以传授的，只能

---

① 《别材与别趣》，《江海学刊》1962 年第 9 期。
② 《严羽审美理论二题》，《人大复印资料》1982 年第 4 期。

靠自己亲自悟得；同时也因为悟到的"理"很难用言语充分表达，即使表达了，也只能表达"理"的一个侧面。但为了传道，禅宗又不得不表达。但作为诗歌，并不单纯是某种情意的转述，它本身就要利用语言的特点，追求独特的语言表达效果，从而使读者获得独特的阅读心理效果，"不涉理路，不落言筌者"，讲求的是"言有尽而意无穷"、"一唱三叹之音"的阅读效果，它并不逃避表达。

李之仪说"说禅作诗本无差别，但打得过者绝少"（《与李去言》），此外，还有一首颇为著名的"以禅喻诗"诗：

> 兼江祥瑛上人能书，自以为未工；又能诗，而求予诗甚勤。予以为非所当病也，为赋一首，勉之使进于道云
>
> 得句如得仙，悟笔如悟禅。弹丸流转即轻举，龙蛇飞动真超然。禅瑛乃醉，我顾惭道玄。戏将字画当杖拂，与子凭轼相周旋。笔若运矛矟，手如致禅偏。眼能援桴鼓，心为制中权。弃捐尺度废绳削，似曲还直非方圆。适当庖丁善刀后，但见满纸银钩连。心眼手笔俱不用，拟向底处观其全。思量不可到，此地无中边。政似观澜亭上夜深后，满空白月孤光悬。

由"笔若运矛矟，手如致禅偏。眼能援桴鼓，心为制中权"可见李之仪在这里指的是由于长期的实践，通过"自得"已经将作诗的方法已经了悟于心，熟悉于手，达到了"弃捐尺度废绳削"，不烦绳削而自由创作的境地，实际就是庖丁解牛的境地，达到这个境界来自于长期的学习实践和诗法的领悟，所以这里的"以禅喻诗"包含了严羽"以禅喻诗"的第二意。"思量不可到，此地无中边"，指超越了创作时逐步思考、反复捉摸的作诗方法，已经达到了较为自如的境地，作出的诗也达到了浑化无迹的地步，这里接近第三意。"澜亭上夜深后，满空白月孤光悬"是指创作成功后那种志得意满的心理感觉，与"适当庖丁善刀后，但见满纸银钩连"的心态相一致。

李之仪研究资料汇编

一 《宋史》

之仪字端叔。登第几三十年,乃从苏轼于定州幕府。历枢密院编修官,通判原州。元符中,监内香药库。御史石豫言其尝从苏轼辟,不可以任京官,诏勒停。徽宗初,提举河东常平。坐为范纯仁遗表,作行状,编管太平,遂居姑熟,久之,徙唐州,终朝请大夫。

之仪能为文,尤工尺牍,轼谓入刀笔三昧。(卷 344)

(按:附于李之纯传记之后,之仪为其从弟)

六年,(高丽文王)徽卒,在位三十八年,治尚仁恕,为东夷良主。然犹循其俗,王女不下嫁臣庶,必归之兄弟,宗族贵臣亦然。次子运谏,以为既通上国,宜以礼革故习。徽怒,斥之于外。讣闻,天子闵焉,诏明州修浮屠供一月,遣杨景略、王舜封祭奠,钱勰、宋球吊慰。景略辟李之仪书状,帝以之仪文称不著,宜得问学博洽、器宇整秀者召赴中书,试以文乃遣。又以远服不责其备,谕使者以相见之所殿名、鸱吻,皆听勿避。(卷 487)

(范纯仁子范正平)正平字子夷,学行甚高,虽庸言必援《孝经》、《论语》。父纯仁卒,诏特增遗泽,官其子孙,正平推与幼弟。绍圣中,为开封尉,有向氏于其坟造慈云寺。户部尚书蔡京以向氏后戚,规欲自结,奏拓四邻田庐。民有诉者,正平按视,以为所拓皆民业,不可夺;民又挝鼓上诉,京坐罚金二十斤,用是蓄恨正平。

及当国，乃言正平矫撰父遗表。又谓李之仪所述纯仁行状，妄载中使蔡克明传二圣虚仁之意，遂以正平逮之仪、克明同诣御史府。正平将行，其弟正思曰："议行状时，兄方营窆窀之事，参预笔削者，正思也，兄何为哉？"正平曰："时相意属我，且我居长，我不往，兄弟俱将不免，不若身任之。"遂就狱，捶楚甚苦，皆欲诬服。独克明曰："旧制，凡传圣语，受本于御前，请宝印出，注籍于内东门。"使从其家得永州传宣圣语本有御宝，又验内东门籍皆同。其遗表八事，诸子以朝廷大事，防后患，不敢上之，缴申颍昌府印寄军资库。自颍昌取至，亦实。狱遂解。正平羁管象州，之仪羁管太平州。正平家属死者十余人。

会赦，得归颍昌。唐君益为守，表其所居为忠直坊，取所赐"世济忠直"碑额也。正平告之曰："此朝廷所赐，施于金石，揭于墓隧，假宠于范氏子孙则可；若于通途广陌中为往来之观，以耸动庸俗，不可也。"君益曰："此有司之事，君家何预焉？"正平曰："先祖先君功名，人所知也。十室之邑，必有忠信，异时不独吾家诒笑，君亦受其责矣。"竟撤去之。正平退闲久，益工诗，尤长五言，着苟里退居编，以寿终。（卷314）

二 《东都事略》

李之仪，字端叔，姑熟人也。少力学举进士，元祐中为枢密院编修官能诗善属文，工尺牍。苏轼尝谓得发遣三昧，轼帅定武辟置幕下。及范纯仁卒，之仪为作仪表为世传诵，遂坐党籍废黜终身云。（卷116）

三 《宋会要辑稿》

九月二十七日折可适、辛叔献特追诸司副使文思、副使曲充特降两官，原州通判李之仪特差替，经略使章楶特罚铜二十斤，以泾源路进筑同统治擅遣充作先锋，继领人马追贼亡一百三十三人，叔

献总领番兵轻易出塞亡失士马，付原州根治虽会两赦特罪之，李之仪以鞫勘卤莽经略使章楶以失案举故并坐。（职官六七之一八）

六月二十三日，监内香药库李之仪放罢。以权殿中侍御史石豫言：之仪因苏轼知定州日荐辟勾当机宜文字，岂可更居此职？故有是命。（职官六七之二六）

九月二十六日管勾成都府玉局观李之仪除名勒停。知太平州当涂县权通判孙郊、太平州司法尚子熹、司户程通各冲替，其之仪子令随母，已补假将仕郎补牒追夺毁抹，象提刑司勘到之仪与杨姝逾滥及信凭杨姝所生男为己子增岁乞补。孙郊、向子熹、程通失觉察故皆坐之。（职官六八之二九）

四 《续资治通鉴长编》

权殿中侍御史石豫言："监内香药库李之仪，因苏轼知定州荐辟管勾机宜文字，之仪既为奸人心腹之党，岂可更居此职，欲令有司放罢"。（卷511）

五 《续资治通鉴》

纯仁疾革，呼诸子，口占遗表，命门生李之仪次第之。大略劝帝清心寡欲，约己便民，绝朋党之论，察邪正之归，毋轻议边事，易逐言官。又辩明宣仁诬谤曰："本权臣务快其私忿，非泰陵实谓之当然。"又云："盖尝先天下而忧，期不负圣人之学，此先臣所以教子，而微臣所以事君者也。"诏赠开府仪同三司，谥忠宣，书碑额曰"世济忠直之碑"。（卷87）

己亥，大赦天下。诏"天佑奸党，久责遐裔；用示至仁，稍从内徒，应岭南移荆湖，荆湖移江淮，江淮移近地，唯不得至四辅畿甸。"除上书已经量移及近乡人外，其被诏置移者凡五十七人，邹浩、陈次升、余爽、范正平、范柔中、黄庭坚、陈瓘、任伯雨、张庭坚、龚夬、李祉、王道、梁彀、陈恂、马谏、王履、郭子旗、赵希德、壬张民、张林、范纯粹、阎守勤、王化基、曾布、刘安世、孙琮、马涓、李深、曾纡、蔡克明、郑居简、韩忠彦、范纯礼、安焘、壬古、曾肇、朱师服、张耒、吕希纯、王觌、丰稷、张舜民、谢文瓘、龚原、昊（吴）安逊、冯说、梁安国、王箴、曾焘、裴彦臣、朱绂、李穆、邓世昌、王化臣、李之仪、汪公望、陈佑。（卷89）

六 《文献通考》

又言："窃见近年灾伤，盗贼颇多，州郡全无武备，长吏侍卫军单寡，禁旅尽属将官，多与州郡争衡，长吏势力远出其下，万一如李顺、王伦、王均、则之寇，乘间窃发，攻陷郡县，岂不为朝廷忧？又：祖宗以来，诸军少曾在营，常分番出戍，盖欲使之劳筋骨、知艰难、轻去其家，且习山川险阻也。自置将以来，苟非全将起发，然后与将官偕行，其余常在本营，饮食游嬉，养成骄惰，岁月滋久，不可复用。又：每将下各有部队将、训练官等一二十人，而州又自有总管、钤辖、都监、监押，设官重复，虚费禄廪，此天下知兵者皆知其非。臣愚欲乞尽罢诸路将官，其禁军各委本州岛长吏与总管、钤辖、都监等，如未置将已前，使州郡平居武备有余，然后缓急可责以守死。"

八年，知定州苏轼上疏，乞存恤河北弓箭社增修条约。不报。轼疏言："臣窃见北虏久和，河朔无事。沿边诸郡，军政少弛。将骄卒惰，缓急恐不可用。武艺军装，皆不逮陕西、河东远甚。虽据即目边防事势，三五年间必无警急。然居安虑危，有国之常备，事不素讲，难以应猝。今者河朔沿边诸军，未尝出征，终年坐食，理合富强。臣近遣所辟幕官李之仪、孙敏行亲入诸营，按视曲折，审知禁军大率贫窘，妻子赤露饥寒，十有六七，屋舍大坏，不庇风雨"。

体问其故，盖是将校不肃，敛掠乞取，坐放债负，习以成风。将校既先违法不公，则军政无缘修举，所以军人例皆饮博逾滥。三事不止，虽是禁军，不免寒饿，既轻犯法，动辄逃亡，此岂久安之道？臣自到任，渐次申严军法，逃军盗贼，已觉衰少，年岁之间，庶革此风。然臣窃谓沿边禁军缓急终不可用，何也？骄惰既久，胆力耗惫，虽近戍短使，辄与妻孥泣别，被甲持兵，行数十里，即便喘汗。臣若加严训练，昼夜勤习，驰骤坐作，使耐辛苦，则此声先驰，北虏疑畏，或致生事。（卷153）

《姑溪集》五十卷《后集》二十卷，陈氏曰：朝请大夫赵郡李之仪端叔撰。尝从东坡辟中山幕府，后代范忠宣作遗表，为世传诵，然坐是得罪，编置当涂，遂居焉。其弟之纯，官至尚书。（卷237）

许彦周《诗话》：高秀实言"元微之诗艳丽而有骨，韩偓《香奁集》丽而无骨。"李端叔意喜韩偓诗，诵其序云："咀五色之灵芝，香生九窍；咽三危之瑞露，美动七情。"秀实云"劝不得也"。（卷243）

七 吴芾《姑溪居士文集序》

李公端叔，以词翰著名元祐间，余始得其尺牍，颇爱其言思清婉。有晋宋人风味，恨未睹他制也。干道丁亥。假守当涂，因访古来名士，居此邦而卓然有声于世者，惟李太白郭功父与端叔三人。郡旧有太白功父集，而端叔独阙然，求于其家，而子孙往往散落，无复遗稿。间得之邦人。类而聚之。命郡士戴翚订正。釐为五十卷，锓板于学，昔二宿于文章少许可，尤称重端叔，殆与黄鲁直、晁无咎、张文潜、秦少游辈，颉颃于时。今观其文，信可知已。或谓端叔晚节锐于进取，有所附丽，虽若可疑。然范忠宣公遗奏，极于鲠切。诋斥不顾一时。用事者欲置忠宣之子于理，端叔慨然自列，谓实出其手，既而公所为忠宣行状复出，由是得罪，南迁废锢终身，曾不少悔，其勇于义若此，讵可以微瑕掩之哉？余固爱其文又表其行谊之可嘉者，并以诏于后云。端叔名之仪，其先景城人，既谪而南，始居姑溪，自号姑溪居士，今以名其集，天台吴芾序。

八 沈括《长寿县君田氏墓志铭》

夫人姓田氏，其先齐诸公子。祖讳匀，家蜜之诸城。有乡李子某，居齐鲁间为学者，娶同郡赵氏，是为考妣。夫人幼孤，鞠于大母。田氏故大家，夫田氏故大家，夫人相其家事，事益理，邦人贤之，而愿委命者相踵。久之，得沧州无棣李君讳颀以归。后君仕至太常少卿，而封夫人长寿县君。始，太常之家已去无棣而楚居，母仁寿郡太君已老。夫人常以养不及其亲，见其姑必慨然自伤曰："女子也，生必有所归。吾姑与吾母安敢择焉。"以其事亲者事其姑，漱纫饎涤，必身任之，盖舍夫人则御之不安。太常所与游者皆一时闻人，每过从，燕语相尽，间不容一再日，而夫人佐其享，以至褫衣以为继，而处之裕如也。夫人事仁寿几四十年，欢若一日。丧之日，盖夫人之年六十矣，尚能致毁，日一饭蔬，治于不胜，于是太常方举未卜者十衬从其母以葬。帷裳衾褥之具一诿之夫人之手，至于穿复封艺，皆夫妇亲之。既堋，有异鹊数十翔于坟上，君夫人来，则或集于其肩，啄于其膝。太常捐其家，夫人丧之，至于治其藏，如戚其姑而恩有加焉。后从其子出仕于四方。他日语及坟墓，则涕洟不止，曰："吾宁归扫丘墓，安邻里乡党以死，何以阅传舍为哉。"谓其子妇曰：吾老矣，非斋寂焚诵之业，无以累吾可也。未几，元丰二年七月庚午，疾革于京师子之仪之寓舍，年六十有九。夫人性高方，有诚恪。其治家甚严，事至于无所欺。赴人之急难，笃骨肉之爱，至于褚无余衣，盛服不及珠玉之饰，以终其身。人咸以其慈仁为不可及。所居闾巷去之虽久，犹有能道其义善者。一男子，河中府万泉县令、编秩删定官之仪也。三女子，嫁大理丞何景初、郑意，太常博士林邵。孙尧行，太庙斋郎。一女子未嫁。九月初甲子，其孤以其丧归，从先君之域于楚之山阳阳兴之原。夫人之子，词富学明，隐然节义士也，与予游且久，自言其所以教养以成之之自。呜呼，夫人哉。铭曰：不恡其有，既令遐寿。君子维子，是谓不朽。

下泉之宾，有条淮坟。归欤非欤，呜呼夫人。（《长兴集》卷 17）

九　米芾《西园雅集图记》

李伯时郊，为唐小李将军著色泉石、云物、草木、花竹，皆妙绝动人，而人物秀发，各肖其形。自有林下风味，无一点尘埃气，非凡笔也。其乌帽黄道服投笔而书者，为东坡先生；仙桃巾紫裘而坐者，为王晋卿；幅巾青衣，据方机而凝伫者，为丹阳蔡天启；捉椅而视者，为李端叔；后有女奴，云环翠饰，侍立自然，富贵风韵，乃晋卿之家姬也。孤松盘矗，后有凌霄缠络，红绿相间；下有大石案，陈设古器、瑶琴、芭蕉。围绕坐于石盘傍，道貌紫衣，右手倚石，左手执卷而观书者，为苏子由；团巾茧衣，手兼蕉篷而熟视者，为黄鲁直；幅巾野褐，据横卷画《渊明归去来》者，力李伯时；披巾青服，抚肩而立者，为晁无咎；跪而捉石观画者，为张文潜；道巾素衣，按膝而俯视者，为郑靖老；后有童子执灵寿杖而立，二人坐于盘根古桧下，幅巾青衣，袖手侧听者，为秦少游；琴尾冠紫道服摘阮者，为陈碧虚；唐巾深衣，昂首而题石者，为米元章；袖手而仰观者，为王仲至。前有胡头顽童，捧古砚而立，后有锦石桥，竹径缭绕于清溪，深处翠阴茂密，中有袈裟坐蒲团，而说《无生论》者，为圆通大师；傍有幅巾褐衣而谛听者，为刘巨济，二人并坐于怪石之上。下有激湍梁流于大溪之中，水石潺湲，风竹相吞，炉烟方袅，草木自馨。人间清旷之乐之，不过于此。嗟呼！汹涌于名利之域而不知退者，岂亦得此耶？自东坡以下，凡十有六人，以文章议论、博学辨识、英辞妙墨、好古多闻、雄豪绝俗之资，高深羽流之杰，卓然高致，名动四夷之后，览者不独图画之可观，亦足仿佛其人耳。（《全宋文》卷 2603）

十　苏轼

《答李端叔书》：

轼顿首再拜。闻足下名久矣，又于相识处，往往见所作诗文，虽不多，亦足以仿佛其为人矣。寻常不通书问，怠慢之罪，犹可阔略。及足下斩然在疚，亦不能以一字奉慰，舍弟子由至，先蒙惠书，又复懒不即答，顽钝废礼，一至于此。而足下终不弃绝，递中再辱手书，待遇益隆，览之面热汗下也。足下才高识明，不应轻许与人，得非用黄鲁直、秦太虚辈语，真以为然耶？不肖为人所憎，而二子独喜见誉，如人嗜昌歜、羊枣，末易诘其所以然者。以二子为妄则不可，遂欲以移之众口，又大不可也。轼少年时，读书作文，专为应举而已。既及进士第，贪得不已，又举制策，其实何所有。而其科号为直言极谏，故每纷然诵说古今，考论是非，以应其名耳。人苦下自知，既以此得，因以为实能之，故谗谗至今，坐此得罪几死，所谓齐虏以口舌得官，真可笑也。然世人遂以轼为欲立异同，则过矣。妄论利害，搀说得失，此正制科人习气。譬之候虫时鸟，自鸣自已，何足为损益。轼每怪时人待轼过重，而足下又复称说如此，愈非其实。得罪以来，深自闭塞，扁舟草履，放浪山水间，与樵渔杂处，往往为醉。人所推骂辄自喜，渐不为人识，平生亲友无一字见及，有书与也之亦不答，自幸庶几免矣。足下又复创相推与，甚非所望。木有瘿，石有晕，犀有通，以取妍于人，皆物之病也。谪居无事，默自观省，回视三十年以来所为，多其病者。足下所见皆故我，非今我也。无乃闻其声不考其情，取其华而遗其实乎？抑将又有取于此也？此事非相见不能尽。自得罪后，下敢作文字。此书虽非文，然信笔书意，下觉累幅，亦不须示人，必喻此意。岁行尽寒苦，惟万万节哀强食。不次。

《李端叔传神赞》：

龙眠居士画李端叔，东坡老人赞之曰：

须发之拳然，眉宇之渊然，披胸腹之掀然。以为可得而见欤？则漠乎其无言。以为不可得而见欤？则已见画于龙眠矣。呜呼，将为既琢之玉，以役其天乎？其将为不雨之云，以抱其全乎？抑将游戏此世，而时出于两者之间也？

《答李端叔十首翰林》：

（一）

辱书，并示伯时所画地藏。某本无此学，安能知其所得于古者为谁何，但知其为轶妙而造神，能于道子之外，探顾、陆古意耳。公与伯时想皆期我于度数之表，故特相示耶？有近评吴画百十字，辄封呈，并画纳上。

（二）

定州。

某启。辱简，承起居佳胜。近读近稿，讽味达晨，辄附小诗。更蒙酬和，益深感叹，朝夕就局中会话也。

（三）

以下俱北归。

某年六十五矣，体力毛发，正与年相称。或得复与公相见，亦未可知。已前皆梦，已后者独非梦乎？置之不足道也。所喜者在海南了得易书论语传数十卷。似有益于骨朽后人耳目也。少游遂卒于道路。哀哉痛哉！世岂复有斯人乎？端叔亦老矣。迨云须发已皓然，然颜极丹且渥，仆亦正如此。各宜阔啬，庶几复见也。儿侄辈在治下，频与教督。一书幸送与某。大醉中不成字，不罪不罪。

（四）

某启。辱书多矣，无不达者。然不一答，非特衰病简懒之过，实以罪垢深重，不忍更以无益寒温之问，玷累知交。然竟不免累公，惭负不可言。比日承已赴颍昌。伏惟起居佳胜，眷聚各安庆，某移永州，过五羊，度大庾，至吉出陆，由长沙至永荷，叔静挐舟相送数十里。大浪中作此书上问，无他祝，惟保爱之外，酌酒与妇饮，尚胜俗侣对梅二丈诗云耳。

（五）

某启。近孙叔静奉书，远递得达否？比来尊体如何？眷聚各安胜。某蒙恩领真祠，世间美仕，复有过此者乎？伏惟君恩之重，不可量数。遥知朋友为我喜而不寐也。今已到虔，即往淮浙间，居处多在毗陵也。子由闻已归许。秉烛相对，非梦而何？一书乞便与，余惟万万自爱。某再拜。

（六）

子由近得书，度已至岳矣。养炼极有功，可喜！可喜！三儿子在比，甚安健，不敢令拜状。黄鲁直、张文潜、晁无咎各得信否，文潜旧疾，必已全愈乎。

（七）

朝云者，死于惠久矣。别后学书，颇有楷法。亦学佛，临去，诵《六如偈》以绝。葬之惠州栖禅寺，僧作亭覆之，榜曰六如亭。最荷夫人垂顾，故详及之。得此书后，幸作数字寄永递，仍取儿侄辈一书为幸。

（八）

某启。承谕，长安君偶患臂痛不能举，某于钱昌武朝议处传得一方，云其初本施渥寺丞者，因寓居京师甜水巷，见一乞儿，两足拳弯，捺履行。渥常以饮食钱物遗之。凡期年不衰。寻赴任，数年而还。复就曩居，则乞儿已不见矣。一日见之于相国寺前，行走如风，惊问之，则曰："遇人传两药方，服一料而能行。"因以其方授渥，以传昌武。昌武本患两臂重痛，举不能过耳，服之立效。其后传数人，皆神妙。但手足上疾皆可服，不拘男子妇人。秘之。其方元只是《王氏博济方》中方。但人不知尔。《博济方》误以虎胫为脑。便请长安君合服，必验。

（九）

某启。阔别八年，岂谓复有见日，渐近中原，辱书尤数。喜出望外，比日起居佳胜。某已得舟，决归许，如所教，而长子迈遽舍字，深以为恨，报除辇运似亦不恶。近日除目时有如人所料者，此后端叔必已信安矣。但老境少安，余皆不足道。乍热，万万以时自

— 163 —

爱不宣。

（十）

某以囊装罄尽，而子由亦久困无余，故欲就食淮浙。已而深念老境，知有几日。不可复作两处。又得子由书及见教语尤切，已决归许下矣。但须少留仪真，令儿子往宜兴剖制，变转往还，须月余，约至许下，已七月天矣。去岁在廉州托孙叔静寄书及小诗，达否？叔静云端叔一生坎坷，晚节益牢落，正赖鱼轩贤德，能委屈相顺，适以忘百忧。此岂细事，不尔，人生岂复有佳味乎？叔静相友，想得其详，故辄以奉庆。忝契不罪。

《答秦太虚书》中提道："李端叔一书，托为达之。"此时苏轼被贬黄州，元丰三年（1080）：

《答李端叔》：

若人如马亦如班，笑履壶头出玉关。已入西羌度沙碛，又向东海看涛山。识君小异千人里，慰我长思十载间。西省邻居时避近，相逢有味是偷闲。

《立春日小集呈李端叔》：

白发已十载，青春无一堪。不惊新岁换，聊与故人谈。牛健民声喜，鸦娇雪意酣。霏微不到地，和暖要宜蚕。岁月斜川似，风流曲水惭。行吟老燕代，坐睡梦江潭。丞掾颇哀援，歌呼谁怕参。衰怀久灰槁，习气尚馋贪。白啖本河朔，红消真剑南。辛盘得青韭，腊酒是黄甘。此四句，七集续集独立成篇，题作元祐九年立春：熊白来山北，猪红削剑南。春盘得青韭，腊酒寄黄甘归卧灯残帐，醒闻叶打庵。须烦李居士，重说后三三。

《次韵李端叔谢送牛戬鸳鸯竹石图一首》：

闻君谈西戎，废食忘早晚。王师本不陈，贼垒何足划。守边在得士，此语要而简。知君论将口，似予识画眼。笑指尘壁间，此是老牛戬。平生师卫玠，非意尝集甲作常理遣。愿君定何人，未用市朝显。置之勿复道，世俗固多舛。归去亦何须，单车度殽渑。如虫得羽化，已脱安用茧。家书空万轴，凉暴困舒卷。念当扫长物，闭息默自暖。此画聊付君，幽处得小展。新诗勿纵笔，群吠惊邑犬。时来未可知，妙斲待轮扁。

《和孙叔静兄弟李端叔唱和》：

病骨瘦欲折，霜髯鬜更疏。喜闻新国政，兼得故人书。秉烛真如梦，倾杯不敢余。天涯老兄弟，怀抱几时摅。

《次韵李端叔送保倅翟安常赴阙兼寄子由》：

中山保塞两穷边，卧治雍容已百年。顾我迂愚分竹使，与君谈笑用蒲鞭。松荒三径思元亮，草合平池忆惠连。白发归心凭说与，古来谁似两疏贤。

《夜直玉堂携李之仪端叔诗百余首读至夜半书其后》：

玉堂清冷不成眠，伴直难呼孟浩然。暂借好诗消永昼，每逢佳处辄参禅。愁侵砚滴初含冻，喜入灯花欲斗妍。寄语君家小儿子：他时此句一时编。

十一　黄庭坚

《与李端叔书》：

（一）

别来两辱书，荷恩眷始终不渝，方其与魑魅为群，窃伏草间，不忘叹息。所以不作书者。往时奉九书而不报，公犹不愠，在弃捐中，宜相贷也。奉十二月二十四日手诲，不怒而加勤，乃知德人之度久而愈深也。又知不肖乖忤在官事事，此雅所期左右者，更愿守心如珠，守口如瓶尔。某多病早衰，百事不堪。向蒙恩遂便郡之请，冬后乃差健，遂不敢再请宫祠。三两日暂到双井，二月末后复至荆州，乃趋太平，前此计尚得修问。

（二）

得书数幅，开阖累日，想见傲睨万物之容。承官暇，每从苏黄门引领钦叹，何时预此清集？不肖须鬓已白十八九，短发几不可会聚，求田问舍颇有之，亦未如意耳。小儿娶媳，尚未得孙。女子今已三生矣。知命二男三女，似有可望者。三女一已嫁，其仲亦咄咄逼人矣。元明在萍乡，甚安，亦有吏能声，后作虔州狱官，监司亦知渠恪而解事，然非在黔戎时语也。老来懒作文，但传得东坡及少游岭外文，时一微吟，清风飒然，愿同味者难得耳。

（三）

数日来骤暖，瑞香、水仙、红梅盛开，明窗净室，花气撩人，似少年时都下梦也。但多病之余，懒作诗耳。公比来亦游戏翰墨间耶？或传陈履常病且死，岂有是乎？比得荆州一诗人高荷，极有笔力，使之凌厉中州，恐不减晁、张，但公不识耳。方叔安否？（《山谷全书·别集》卷一四）

《赠别李端叔》：

我观江南山，如目不受垢。忆食江南薇，子独于我厚。在北思江山，如怀冰雪颜。千峰上云雨，岑绝何由攀。当时喜文章，各有儿子气。尔来颔须白，有儿能拜起。读书浩湖海，解意开春冰。成山更崇崛，顾我丑丘陵。白玉著石中，与物本落落。泾渭相将流，世不名清浊。乞言既不易，赠言良独难。古来得道人，挂舌屋壁间。牧羊金华道，载酒太玄宅。支颐听晤语，愿君喙三尺。我行风雨夜，船窗闻远鸡。故人不可见，故人心可知。

《次韵答李端叔》：

喜接高谈若饮冰，风骚清兴坐来增。重寻伐木君何厚，欲赋骊驹我未能。山影北来浮汇泽，松行东望际钟陵。相期烂醉西楼月，缓带凭栏濯郁蒸。

十二　秦观

《寄李端叔编修》：

旗亭解手屡冬春，闻道归来自发新。马革裹尸心未艾，金龟换酒气方震。梦魂偷绕边城月，道从公穿禁路尘。知有新编号横槊，为凭东使寄淮滨。

《李端叔见寄次韵》:

君文豪赡无与俦,使我吟讽忘离忧。浩如沅湘起阳侯,翻星转日吞数州。华章藻句饶风力,顷刻朱红迷畛域。一班纵复为管窥,万派终难以蠡测。区区文墨倦高情,解鞅还游恍惚庭。半槽新水六尺簟,卧视云物行空青。伊我篮舆抵京县,溽暑黄埃负初愿。君家只在御城东,弥月不能三两见。求仙未若醉中真,蚁斗蛾飞愁杀人。清都梦断理归棹,回首一树琼枝新。归来草木春风换,世事猬毛那可算。幸谢故人频寄书,莫笑元郎自呼漫。

《秋夜病起怀端叔作诗寄之》:

寝瘵当老秋,入夜庭轩空。天光脆如洗,月色清无缝。风飙庆庆轻,露气霏霏重。檐花伴徐步,笼烛窥孤讽。缅惟情所亲,佳辰谁与共。夫子淮海英,材大难为用。秉心既绝俗,发语自惊众。麈尾扣球琳,笔端攒蟠蛛。雄深迫扬马,妙丽该沈宋。浮沉任朝野,鱼鸟狎鲲凤。与时真楚越,于我实伯仲。尔来居邑邻,颇便书札贡。上凭鸿雁传,下托鲤鱼送。二物或愆时,已辱移文讼。人生无根柢,泛若凌波莩。昧者复汲汲,晨暝趋一哄。阴持含沙毒,射影期必中。自匿嫫母容,对客施锦幪。溘然一朝逝,万事俱成梦。形骸犹汝辞,利势犹君动。思之可太息,伤之为长恸。所以古达人,脱身事高纵。我生尤不敏,胸腹常空洞。强颜入规模,垂耳受羁鞚。行谋买竿椸,名理就折衷。但恐狂接舆,烦君更嘲弄。

《送李端叔从辟中山》:

人畏朔风声,我闻独宽怀。岂不知凛冽,为自中山来。端叔天下士,淹留蹇无成。去从中山辟,良亦慰平生。与君英妙时,侠气上参天。执云行半百,身世各茫然。当时儿戏念,今日已灰死。着书如结牦,聊以忘忧耳。骎骎岁乃尽,淮海归无期。功名良独难,虽成定奚为。念君远行役,中夜忧反侧。揽衣起成章,赠以当马策。

《与李端叔游智海用前韵》:

点目谁能化两龙，超然想见古人风。红尘稍与僧家远，白发偏于我辈公。休计浮名千载后，且欣汤饼一杯同。何时并筑邗沟上，引水浇花半亩宫。

《与邓慎思沐于启圣遇李端叔》：

羸兵瘦马犯黄尘，自笑区区梦里身。不是对花能伏老，自缘无酒可浇春。校书天禄陪群彦，晞发阳阿遇故人。三百六旬如此少，更添香火坐逡巡。

十三　陈师道

《答李端叔书》：

师道启：前日秦少游处得所惠书，教以空灶舐鼎之说，勤恳甚厚。窃怪足下无父兄之好，邑里之旧，面目相谁何，声气不接，顾知而赐之，足下安得此哉？此适少游有以欺足下，足下信之过矣。少游之文，过仆数等，其诗与楚词，仆愿学焉。若其杰材伟行，听远察微，仆终不近也。足下以为少游何取而誉仆耶？顾常与仆有游居之好，以仆之老且病，诚不忍其穷而死也。嘘濡挽摩，借之声光，以幸百一，期以取信于人，而曾不知自累于不信，惟足下察焉，毋为所欺以重其过。夫以一人之誉而收之不疑，可谓勇矣；至其弃之，必以一人之毁。此列御寇、季将军之所惧也，仆又甚焉。足下谓仆之文类两苏，人情喜于自伸，蔽于自知，至其拟之非其伦，誉之非其情，亦知避矣。两公之门，有客四人，黄鲁直、秦少游、晁无咎，长公之客也；张文潜，少公之客也。仆自念不敢齿四士，而足下遽进仆于两公之间，不亦汰乎！如前所称，过于因人；如后所称，足下自取之矣。仆闻周人之言，以石之韫玉者为璞；郑人之言，以鼠之腊者为朴。郑谓周曰：欲朴乎？周人大悦，愿属目。出而示之，死鼠也，唾之而去。足下不惟其愚，辱先以书而愿见焉。其词益下，则其求益厚，有如循名而督实，仆将不胜其责，而惧足下誉未绝口，而唾骂继之，敢告不敏。师道再拜。（《后山居士文集》卷十）

十四　张耒

《送李端叔赴定州序》：

某为儿童，从先人于山阳学官，始见端叔为诸生，某虽未有知，意已相亲。后几二十年，端叔罢官四明，道楚，某又获见。某时已孤，端叔吊我，悲怀如骨肉。后凡再遇于京师，今其再也。然端叔每别数年一见，其议论益奇，名誉益高。今朝廷士大夫相与称说天下士，屈指不一二，必曰吾端叔也。元祐八年，苏先生守定武，士愿从行者半朝廷，然皆不敢有请于先生，而苏先生一日言于朝，请以端叔佐幕府。苏先生之位，未能进退天下士，故用子如此，然其意可知。某，苏先生门人之下列也，其亲慕端叔不足怪。庚午，某卧病城南，门无犬鸡，昼卧惝惝。端叔尝夜过我，以烛视我面目，见病有间，喜动词色，访觅医药，以至无恙。我之道艺无取，名誉不振，端叔独拳拳于此，何也？然端叔与予外家通谱，于我舅行也。岂其出乎此？非耶？八年十月过我，告以将北，求予言为赠行。予在交游中，已号为多言，其敢有爱于子。为今中国患者，西北二虏也，狙伺我久矣。西小而轻，故为变易；北大而重，故为变迟。小者疥癣，大者痈疽也。自北方罢兵，中国直信而不问，君臣不以挂于口而虑于心者数十年矣。吾知其故，诚知骄虏之不能轻弃吾之重币也。有司如故事，岁时发币，车马出门，而北顾无事矣。凡为是说者，谓非虏情则不可，然人度量相远，未可以什百计也。世固有得一金而喜者，何必金帛数十万？亦有得国于人而不厌者，数十万金帛未足赖也。往赵元昊未反时，中国不为备御，犹今日之信北也。一旦不逊，中国震动，视其治军立国，骄逆悍鸷，岂特河陇间一羌酋也？吾安能复以羁縻其父祖者制畜之哉？且雄杰之才未尝绝于世，不在中国，必在夷狄。高皇帝以气吞中原之雄，而冒顿张于匈奴，高帝终无以困之。魏灭蜀，晋灭吴，大敌已尽，而苻、石骛于中国。祖宗芟夷僭乱，天下听顺，无复偃蹇。而久之元昊叛于羌，自是以来又数十年矣。某闻今北边要郡，有城隍不修，器械苦恶，屯戍单寡，然跬步强敌而人不惧者，诚信之也。枭鸱不鸣，要非祥也，豺狼不噬，要非仁也。见其不鸣，谓之孔鸾，见其不噬，待以犬马，吁，亦过矣！定武，虏冲也，其容有悔乎！某顷在洛阳，与刘几者语边事。几，老将也，谓某曰："比见诏书，禁边吏夜饮。此曹一旦有急，将使输其肝脑，而平日禁其为乐，为今役者，不亦难乎？"夫椎牛酾酒，丰犒而休养之，非欲以醉饱为德，所以增士气也。某闻定武异时从军，吏士丰乐豪盛，而今燕豆疏恶，终日受享，腹犹枵然，官吏贫窭，有愁苦无聊之心。且朝廷既委所当费而不爱矣，将军将重兵，临方面，天子属以何事，而与持筹小吏日夜计口腹之赢，此何为者也？真能遂不费一钱，才得几何哉！子从辟以佐帅军事，与有责矣。挟端叔之学问词章而从苏先生，如决大川而放之海，是则予无以赞子矣。（《张耒集》卷四八）

《寄李端叔二首》：

其一

束发闻至道，荣辱久齐观。中年婴世故，已复傲忧患。闲居虽荒寂，几杖颇清晏。悠悠闲暑景，草草贫寝饭。狂言无为发，浊酒醉自劝。与君通家旧，迩者颇屡见。相望岂云远，数舍隔异县。吾人师佛祖，妙旨得忍粲。敛藏避世俗，未免逢侮讪。坐令鬓垂雪，犹把从事版。尺书每见警，妙语珠在贯。复君进明德，同遂丘壑愿。

其二

陈墟自古皇，疆野实楚县。沃野接神畿，荒沟漕淮甸。民风静而陋，原隰平以远。我来逢艰岁，禾黍秋色浅。荒居困蛩蚓，风雨老藜苋。闭门谢车马，隐几亲笔砚。马迹巷泥深，庖烟槥日宴。深居窥老易，妙理殊自玩。困亨方寸足，夸安劳远愿。乖离感岁月，老色各满面。友道古所敦，尺书莫辞倦。

十五　孔武仲

《次韵李端叔见赠》：

君才潇洒应时流，久滞宁非命压头。昨见河南推贾谊。行闻天子召吾丘。已无痛饮观风味，犹有新诗讲报投。京洛尘沙著人甚，清凉高爽忆宣州。

十六　晁补之

《送李端叔从定州先生辟》：

中山老帅岩廊姿，不用犹作诸侯师。毛锥变化有风雨，余事亦足疲群儿。龙门争鹜货趋肆，求货安知于此市。百年用舍我何有，一语重轻人取是。李君怀璞世又嗤，世人不宝公收之，乃知士固伸所知。黄金铸作钟子期，不如晏子共一时。时平关键一臂持，于何用此宾主为。鞭长未可施马腹，要以高名耆殊俗。应戴接罹携葛强，笑谈过市人隘坊。勿忆平山如岘首，它日我名同不朽。有年公昔但吟诗，无事君今姑饮酒。只忧我似蠹书鱼，无复让骧首鸣盐车。一麾傥许从方伯，要著鞿韦亲丈席。登临相与看刘公，长啸犬羊空漠北。

《次开祖使君韵兼呈端叔大夫圣域长老》：

神龙异凡马，头角要须敛。邦公七岁时，惊耳一语险。悟身非常住，风日过河减。峥嵘法云窟，跳出有家范。金刚不吐焰，已落天魔胆。一派感慈中，无波寒湛湛。是波本非水，无以瓦砾点。低枝竞听法，草木有情感。作解受群邪，碔砆疑琬琰。居然身出定，面目本来俨。而我久尘劳，见之良内慊。周侯老词句，太华耸而黯。自说少苦心，修涂肆穷览。李侯遗世事，不琢元无玷。文采丽春葩，百牍交千椠。顾惭土炭嗜，畏疾非羞俭。望不见水端，譬河还少贬。请佩伯阳言，吾非勇于敢。

十七　周邦彦

《与李端叔书》：

某自游京师，去老母侧，四经炎凉，久困嚣尘。尝郁郁不乐，车马声色无所挂意。又贫不能自给，思欲旋舟而返轮，沿流而行，顺陆而趋，自淮阻浙，观风物之变更，问里社之盛衰，入门而解装，降阶而拜亲，雪涕而升堂，捧觞而为寿，屡谋而屡不果。中夜起叹，仰视云汉，身欲凭焚轮而上，神欲腾赤霄而游。谁能与人竞得失，争是非，嗷嗷于膏火之中耶？故每得才富学赡、神清气远之君子，与之促膝而谈，交臂而行，恍乎不知日入乎虞渊而月溯乎连石也。其不知者，不谓之好异，则谓之不肖云耳。今年至太学，闻山阳李端叔志虽小官，不肯蹈俗吏所为，清才逸韵，可揖以乐饥，可亲以磨钝。夸者百十，反而未止。于是瞑目而心筹之，思其为人也，当如乔松修竹，幽姿自言而劲节难犯。其出言论，理当如漱石之泉，挠林之风，爽气立发，不为郑卫清角激楚以媚俚耳。屡欲见而未能也，前日持谒以叩阍吏，适不邂逅。摄仪以往，抱叹而归。又尝闻夸者言端叔以不腆为可语，数置之齿牙间，亦欲见而未能也。前日持谒以叩阍吏，谓重阴作而桓础润，蚕珥丝而商弦绝。气同而类偶，虽天壤异机而呼吸应至，理有相动相感，虽远而近，虽离而合也。尝试使秦青、韩娥于西达之衢，垂发正衽，慢声而长歌，行者为止，哗也为默。其心载悲者，则抚膺蹙頞，呜呼欷叹，泪堕而不禁；其心载乐者，则抵掌颠首，誉佳赞美，笑发而不止。悲乐不同，而知秦青、韩娥之歌则一也。而韩娥、秦青亦喜其艺不虚逞而事不徒作也。不然，则环坐以听，视其态度，聆其抑扬，以为戏事，无所于其悲乐。曲未及终，马发而车行，若未尝听歌，无复狼顾耳。今以绝世之歌为戏事者，往往皆是也。昔季子观乐于周，而知风俗之治乱。子期听琴于伯牙之门，知其意在于杀。然则得人言者，顾不及此欤？奚必交首昵语，指天日而喻心腹，然后为相知耶？端叔盍亦因此知不肖矣。某无状，诚愿持刃挺以撞钟，垂尺绠以测海。锺虽不鋗，尝有拂焉；海虽不至，当有濡焉。较其所得，不犹愈乎击瓦缶而雷鸣，探污渠而见底乎？又将驱驽骀之足以随骥騕，鼓鹪鹩之翼以追鸿鹄。庶几龙骧电逝，百舍而一止，云栖雾翔，十仞而一下，闻其长嘶，睹其羽仪，岂不壮哉，岂不壮哉！奋笔而成，聊以攄意，非所以为文也。投黔驴之技，以信可否。（《国朝二百家名贤文粹》卷 104）

十八　惠洪

《李端叔诞辰》：

未见犯寒梅，已有催春雨。催春春未归，却有昙花飞。飞香塞世间，何人知鼻处。遥知与世且同波，随分盘餐付儿女。

《次韵李端叔见寄》：

一官游戏且同尘，梦寐江湖亦可人。轩冕久知身是寄，鱼鰕才说口生津。解嘲镜里萧疏髮，时吐毫端浩荡春。自古浯溪好风月，买山终欲与君邻。

《端叔见和次韵答之》：

俊词方觉春照眼，秀句忽惊丝出盆。睡余两鬓尚殷蚁，行乐风轩须痛饮。穷吟空屋笑愁蹲，笔端浩荡吐乾坤。落笔新诗敏风雨，捻须豪气划虹霓。侍儿扶掖醉吟时，靖节田园寻窈窕。谪仙风味自嵚崎，何如春瓮揭黄泥。

《李端叔自金陵如姑溪寄之五首》：

其一

东坡坐中醉客，让君翰墨风流。为作羊昙折意，莫年泪眼山丘。

其二

老去田园可乐，秋来禾黍登场。相见鸡豚社饮，誼哗暖热溪堂。

其三

数送夕阳秋巘，雨余眼力衰时。可是招要归思，故应酝造新诗。

其四

月下一声风笛，尊前万顷云涛。玉堂他年图画，卧看今日渔舠。

其五

举世夸君笔语，雾豹渠知一斑。莫问人间非是，且看醉里江山。

《闻端叔有失子悲而庄复遭火焚作此寄之》：

一子被夺去，困廪遭火焚。冷官寄僧舍，僮仆卧朝昏。平生五色笔，落纸生烟云。文章竟何用，袖手声一吞。东坡昔无恙，豪俊日填门。君如汗血驹，胆气终逸群。坡今骑鱼去，众客亦缤纷。翩然淮海上，霜鬓此身存。我亦识坡者，一见等弟昆。乃知水与乳，自然和不分。心期营一笑，发君双颊温。那知堕机穽，面上余唾痕。我公佯瞌睡，嘲诮了不闻。遥知读此诗，拊手髯一掀。

《雨中闻端叔敦素饮作此寄之》：

但见杯中春泼面，不知门外雨翻盆。人间万事一虻蚊，正恐卷毡为蝥饮。何妨跨项作猿蹲，此生随处有乾坤。短李貌和髯似棘，王郎耳热气如霓。不知今日是何时，醉乡城郭无关钥。世路风波太嶮巇，且看相枕烂如泥。

《端叔见和次韵答之》：

俊词方觉春照眼，秀句忽惊丝出盆。睡余两鬓尚殷蚊，行乐风轩须痛饮。穷吟空屋笑愁蹲，笔端浩荡吐乾坤。落笔新诗敏风雨，捻须豪气划虹霓。侍儿扶掖醉吟时，靖节田园寻窈窕。谪仙风味自欹嶬，何如春瓮揭黄泥。

十九　释道潜（参廖子）

《得端叔淮上书云长淮秋色清旷顺风扬舲恨不得与君俱之》：

飞鸿从西来，有客遗我书。开缄识远意，字字情有余。报言历长淮，泛泛乘舳舻。天开灭远雾，水碧涵空虚。超然忘端倪，身世疑有无。徜徉极幽致，恨我失之俱。我昔与曾子，兹游颇踌躇。风高当白帝，露冷凋红蕖。扁舟仅半月，历览穷朝晡。伊人亦才华，俊逸千里驹。结交慕豪彦，倜傥非迂儒。当时欲相从，恨子隔海隅。今朝子独往，我辈还星疏。邂逅亦有分，夤缘非强图。茫然临西风，俛首良自吁。庶几有至理，去彼形迹拘。相望云汉间，皎洁同蟾蜍。

《过新开湖寄李端叔大夫》：

新开湖边秋梦晓，鸡犬无声人悄悄。试揭疏篷觇日华，水面残星犹缭绕。尝闻明珠藏巨浸，光焰一出辉群草。篙师为我暂停橹，罔象终期入幽讨。波间宛转兴方豪，依然别恨生怀抱。故人离群东海头，徇禄摧眉事枯槁。菇梢苹末翠犹在，蕙兰憔悴青枫老。浪游不知岁月徙，旧约无端失天杪。目羡南鸿两两飞，安得身同羽翰小。游胥堂在吾必行，一榻数椽应预扫。

《晓发桃源渡寄端叔》：

桃源渡头鸡一鸣，舟子夜起趋南行。泯泯河流浮落月，萧萧岸木警秋声。依人翡翠霜翎重，拂棹芙蓉露蕊轻。为报旧游朝士说，天街何似此中清。

《次韵李端叔题孔方平书斋壁》：

一万事年来即罢休，心萦云水尚追求。草堂早晚投君宿，纸帐蒲团不用收。

二菊丛稍稍敷金蕊，荞麦芃芃放雪花。榆柳缭墙苍霭密，谁知中有隐人家。

三白头幕府尚崎岖，南亩归休盍早图。滍上山川要佳句，安排风月待相如。

四舍南舍北尽云山，此处躬耕有底难。社饮鸡豚好邻里，一杯相属百忧宽。

五马蹄逐逐走埃尘，官府宁容自在身。夜宿南溪孔居士，青灯相对话悲辛。

六爱君檐外萧萧竹，翠干扶疏一样齐。莫道此君无俯仰，惊风坠雪亦须低。

七端居终日少逢迎，佳客时来一座倾。不见诸郎事弦管，幽窗唯有读书声。

八肝胆未应分楚越，高曾元共水云乡。爱君善作离骚语，清警殊非俗肺肠。

九仲尼道德高千古，老子微言冠百家。余泽风流俱擅美，那云玉树倚兼葭。

十吾党从来迹易亲，只缘同是个中人。澄川鱼鸟浑相识，来往沙头肯厌频。

二十 孔武仲

《次韵李端叔》：

此身萍梗厌漂流，惭寄浔阳江上头。胜景长年关梦寐，轻裘何日返林丘。扶摇莫作扶摇计，朴樕应容朴樕投。徙倚高楼情不极，恰如王粲在荆州。

《忆九江呈李端叔》：

家园大江东，清溢映匡庐。波光摇空阔，岚翠随卷舒。廓然形影消，所见惟清虚。此是列仙宅，当年来不豫章本作卜居。一官老南北，十年弃樵渔。谅无飞升骨，宜与烟霞疏。子亦喜登临，持气为舟车。乘马搴虹蜺，俯涧窥蟾蜍。赋诗不计篇，饮酒动斗余。一为簪缨缚，屡感岁月除。西征临瀚原作潮，据豫章本潮海，东使骑鲸鱼。归来颜已苍，相见两勤渠。话及少年事，慨然咏归与。富贵非所期，朝衣裹猿狙。鼎食多忧煎，未若羹园蔬。何当永卜邻，之子同耕锄。清风卧醉石，落日登篮舆。道逢酒家旆，聊复为踌躇。白首入石城，君心竟何如。不然因便道，鸣驹时访余。

《次韵李端叔见赠》：

君才潇洒应时流，久滞宁非命压头。昨见河南推贾谊，行闻天子召吾丘。已无痛饮观风味，犹有新诗讲报投。京洛尘沙着人甚，清凉高爽忆宣州。

《休日与李端叔出城西》：

荷叶欲漠漠，柳絮已飞飞。东风如车轮，日夜挽春晖。天郊多名园，曷不事鞍鞿。休日不暇沐，权门亚冠衣。嘉豫章本作喜与之子游，浩歌夕忘归。

《送李端叔定州机宜》：

才高祇合住蓬瀛，步武优游地望清。何事尘埃久京国，却冲雨雪向边城。军书落笔千毫秃，谈席挥犀四座倾。早晓封章来荐鹗，一鸣从此使人惊。

二十一　　徐　积

《送李端叔》：

有人颇似长沙傅，得官亦望长沙去。去时好赋楚江谣，还使风骚满江路。便须酌酒吊三闾，正是忠魂冤愤处。县令如今未去时，兰亭故事犹可为。莫惜千筒万筒往，诸君方壮我已疲。登科学究文章豪，数奇老将诗能高。长沙县令号才吏，方将睥睨谢与曹。凉风即是八九月，红萸黄菊花将发。正是诗家得意时，莫学古人悲莫节。东南美者有吴姬，红襦绣袂无所施。把酒一厄轻皓腕，得诗一句胜蛾眉。山夫野叟只如此，诸君达者应相嗤。有酒且慢饮，有歌且慢讴。共君说怀抱，未语先搔头。良久欲说说不得，胸中有物如山丘。君不闻东家女子花见羞，十六未嫁便悲忧。墙头楼上到日晚，马骤车奔如水流。西家亦有闺中女，月璧龙珠求未许。有心自比蟠桃花，无言窃笑阳台雨。谢鲲便是姜家邻，败唇折齿犹相语。何况五陵轻侠儿，抛金掷玉教人非。一夫奔处千夫驰，不论荣辱与刺讥。膻中之蚁酖中鸡，攫金逐兽两眼迷。主人下马客已齐，拜起俯仰容正卑。有如六月卖蒲葵，唯恐不售霜风凄。言至于此良可悲，所以慷慨见于诗。谁能起舞谁能歌，瓮中有物如秋波。古来多少无奈何，要须一醉都销磨。茫茫人间歧路多，不如海水通天河。

《再送端叔并序》：

关中日落时，但见山相接。塞上闭城时，但听吹芦叶。延州平安火过早，月出山头照孤堡。王家池上醉欲倒，铜钵声中诗已了。落笔挥成露布草，主人更索平戎表。文章意气入杳冥，金船插羽如飞鸟。诸军鼓吹高牙晓，大纛门开扑余燎。壮士犀衣剑气寒，客身依旧红原缺，据四库本补，宣统本作烟霞绕。陆生待寄梅花枝，庾郎莫爱芙蓉好。

《送端叔二首并序》：

端叔上马去，巷口马头转。我唤端叔时，端叔急回面。记取此时意，莫使落风埃。上东门外水，正望楚州来。此水一来不复见，不及黄沙塞头雁。

是物可寄情，是物可寄声。不须使黄犬，延州歧路远。莫怪不登淮上楼，只为淮水不西流。直待衔芦雁却回，其时随到天尽头。

二十二 贾朝奉

《白玉泉酒遗李端叔》：

第一荆州白玉泉，兰舟载与酒中仙。且须捉住鲸鱼尾，恐怕醉来骑上天。（宋李之仪《姑溪居士前集》卷一一《谢荆州太守》诗序引）

二十三 孔夷

《陪李端叔游颖昌西湖三首》：

其一

霜风吹老菊离离，水外秋云送雁飞。来伴谪仙闲杖腰，满林丹叶衬斜晖。

其二

楼影摇波到碧空，拒霜无数隔堤红。只应明夜关山月，怜我相思不寐中。

其三

与世相疏行路难，不禁尘土便思山。山中独念故人远，雪舞清声窗竹闲。

二十四 周行己

《李端叔帖》：

铁面黄犀骨，霜髭灿猬毛。晚年聊混俗，犹不废称豪。

二十五　周紫芝

《次韵端叔题余所藏山谷茶诗尾》：

翰林门生两苍璧，似是天人人不识。学得黄初五字诗，不作人间万钱食。晚向江头看药栏，花前一笑聊开颜。自言千载司玉局，尚记桥山分省宿。今朝玉乳打团龙，昨夜新诗刻红烛。我识风流李元礼，人物流中有泾渭。平生漫刺不浪持，晚得龙门略相似。诗成袖手初相羊，便识从来锦作肠。梦回却诵裔云句，仿佛官焙闻余香。从今下客牛马走，问字不妨时载酒。

《次韵姑溪兴国寺晚眺姑溪李之仪》：

禅房花木有残红，此地还因曲径通。竹影看摇金琐碎，风铃解语玉丁东。人来白鸟横空处，山在先生倚杖中。绝唱未酬才已尽，夜灯搔首鬓如蓬。

《次韵端叔题余所藏山谷茶诗尾》：

翰林门生两苍璧，似是天人人不识。学得黄初五字诗，不作人间万钱食。晚向江头看药栏，花前一笑聊开颜。自言千载司玉局，尚记桥山分省宿。今朝玉乳打团龙，昨夜新诗刻红烛。我识风流李元礼，人物流中有泾渭。平生漫刺不浪持，晚得龙门略相似。诗成袖手初相羊，便识从来锦作肠。梦回却诵裔云句，仿佛官焙闻余香。从今下客牛马走，问字不妨时载酒。

《次韵端叔送前韵见贻因以为别》：

夜光分得千金璧，从来有限未省识。一从韶濩到两耳，三月遂令忘肉食。高楼同倚百尺栏，江山满眼方怡颜。先生官冷不坐局，古寺分床雨中宿。清谈亹亹不断头，几度寒窗拔残烛。晚岁升堂来问礼，谁遣黄流入清渭。金华上天朝紫皇，往事空劳公举似。明日山中归牧羊，九回日断思公肠。他年华屋傥遂约，笑语尚闻兰芷香。青丝络马不须走，一杯且饮姑溪酒。

《次韵端叔迭前韵见贻因以为别》：

夜光分得千金璧，从来有限未省识。一从韶濩到两耳，三月遂令忘肉食。高楼同倚百尺栏，江山满眼方怡颜。先生官冷不坐局，古寺分床雨中宿。清谈亹亹不断头，几度寒窗拔残烛。晚岁升堂来问礼，谁遣黄流入清渭。金华上天朝紫皇，往事空劳公举似。明日山中归牧羊，九回日断思公肠。他年华屋傥遂约，笑语尚闻兰芷香。青丝络马不须走，一杯且饮姑溪酒。

二十六 李廌

《和李端叔大夫从参寥子游许昌西湖十绝》：

其一

几处秋千愁日暮，一声鹍鸠唤春归。红稀绿尽寻常事，不用长绳系落晖。

其二

草已芊绵柳已柔，落花重迭不须愁。风光流转等闲过，又是一年春事休。

其三

百物争春竟可怜，清池绿净但沉天。浮萍细碎从渠长，憎见差池点荇钱。

其四

西畴新买数塍田，便扫空困俟有年。欲坐瓜庵吹豆叶，风翻黄浪麦秋天。

其五

风头皱浪开还促，雨点圆纹乱更多。何似无风亦无雨，碧天千里在澄波。

其六

痴儿插地栽杨柳，杨柳无根插便生。我亦无根常作客，四年漂泊大梁城。

其七

股大如腰立已忧，不须登阁始三休。道人尊足元无病，莫取形骸向里求。

其八

梦为蝴蝶恣飞飞，飞入花丛处处迷。不是提壶强呼起，尚应栩栩展江西。

其九

诗翁诗思与春争，落笔风雷纸上生。雪棘满颐心尚壮，君看岩电射人明。

其十

池南池北乱蛙声，不问官私处处鸣。昨夜一犁新雨足，无烦科斗更滋生。

二十七　折彦质

《过太平州拜李端叔遗像》：

东来已数月，弛担已渺茫。犹喜灾患身，获登先生堂。肃衣拜遗像，依然双颊光。宛若侍坐侧，妙语发天藏。厄穷出天意，人理难度量。所幸言不朽，与世为文章。赍此复何恨，私淑良不忘。小郎出见我，问知雏凤凰。他年起门户，尘滓濯秋阳。世事几变灭，人生真黄粱。置之不足道，感慨涕泪滂。我行方有程，坟山空相望。

二十八　岳珂

《李端叔之仪命驾神仙二帖》：

姑溪之水清且漪，青山之源衍而汰。锺此奇士，亦一隽快。风义磅礴，笔锋崛怪。盖已具书体之五云，不但得发遣之三昧。

二十九　王明清《挥麈录》

212条《李端叔行状文章》：李端叔之仪，赵郡人，以才学闻于世。弟之纯，亦以政事显名，为中司八座，终以"老龙"帅成都。兄弟颉颃于元祐间。端叔于尺牍尤工，东坡先生称之，以为得发遣三昧。东坡帅定武，辟为签判以从，朝夕酬唱，宾主甚欢。建中靖国初，为枢密院编修官。曾文肃荐于佑陵，拟赐出身，擢右史。成命未颁，而为御史钱遹论列报罢。去国之后，暂泊颍昌。值范忠宣公疾笃，口授其指，令作遗表。上读之，悲怆之余，称赏不已，欲召用之。而蔡元长入相，时事大变。佑陵裂去御书"世济忠直"之碑，及降旨御书院，书碑指挥更不施行。且兴狱治遗表中语，端叔坐除名，编管太平州。会赦复官，因卜居当涂，奉祠着书，不复出仕。适郭功父祥正亦寓郡下，文人相轻，遂成仇敌。郡娟杨姝者，色艺见称于黄山谷诗词中。端叔丧偶无嗣，老益无憀，因遂畜杨于家，已而生子，遇郊禋受延赏。会蔡元长再相，功父知元长之恶端叔也，乃诉豪民吉生者讼于朝，谓冒以其子受荫，置鞫受诬，又坐削籍。亦略见《徽宗实录》。杨姝者亦被决。功父作俚语以快之云："七十余岁老朝郎，曾向元祐说文章。如今白首归田后，却与杨姝洗杖疮。"其不乐可知也。初，端叔尝为郡人罗朝议作墓志，首云："姑熟之溪，其流有二，一清而一濯。"清者谓罗公也，盖指濯者为功父。功父益以怨深刺骨焉。久之，其甥林彦振据执政，门人吴可思道用事。于时相（予）讼其冤，方获昭雪，尽还其官与子。端叔终朝议大夫，年八十而卒。代忠宣之表，今载于此："生则有涯，难逃定数；死之将至，愿毕余忠。辄将垂尽之期，仰渎盖高之听。臣中谢。伏念臣赋性拙直，禀生艰危，忠义虽得之家传，利害率同于人欲。未始苟作以干誉，不敢患失以营私。盖常先天下而忧，期不负圣人之学。此先臣所以教子，而微臣资以事君。粤自治平擢为御史，继逢神考，进列谏垣，荏苒五十二年，首尾四十六任，分符拥节，持橐守边。晚叨宥密之司，再席钧衡之任。遇事辄发，更不顾身；因时有为，止欲及物。故知盈满之当戒，弗思祸衅之阴乘。万里风涛，仅脱江鱼之葬；四年瘴疠，几从山鬼之游。忽遭睿圣之临朝，首图纤介之旧物，复官易地，遣使宣恩。而臣目已不明，无复仰瞻于舜日；身犹可勉，或能亲奉于尧言。岂事理之能谐，冀神明之见畜。未复九重之入觐，卒然四体之不随。空惭田亩之还，上负乾坤之造。犹且强亲药石，贪恋岁时。傥粗释于沉迷，或稍纡于报效：今则膏肓已逼，气息仅存，泉路非遥，圣时永隔。恐叩阍之靡及，虽结草以何为。是以假漏偷生，刲心沥恳，庶皇慈之俯览，亮愚意之无他。臣若不言，死有余恨。伏望皇帝陛下仁心寡欲，约己便民，达孝道于精微，扩仁心于广远。深绝朋党之论，详察邪正之归：搜抉幽隐，以尽人材；屏斥奇巧，以厚风俗。爱惜生灵，而无轻议边事；包容狂直，而无遣逐言官。若宣仁之诬谤未明，致保佑之忧勤不显。本权臣务快其私忿，非泰陵实谓之当然。以至未究流人之往愆，悉以圣恩而特叙。尚使存殁犹污，瑕疵又复。未解疆场之严，几空帑藏之积。有城必守，得地难耕。凡此数端，愿留圣念，无令后患，常轸渊衷。臣所重者，陛下上圣之资；臣所爱者，宗社无疆之业。苟斯言之可采，则虽死而犹生。泪尽词穷，形留神逝。"绍兴中，赵元镇作相，提举重修（泰）陵《实录》，书成加恩，吕居仁在玉堂，取其中一对云"惟宣仁之诬谤未明，致哲庙之阴灵不显"于麻制中，时人以为用语亲切，不以蹈袭为非也。端叔自号姑溪老农，文有集六十卷，与先人往还者为多，今尚有其亲笔藏于家：杨生之子名尧光，坠其家风，止于选调。家今犹在宛陵、姑熟之间村落中。明清前年在宣幕，亦尝令访问，则狼狈之甚，至有不可言者。盖繇端叔正始之失，使人惋叹。王称《东都事略》云，端叔姑熟人，非也。（《挥麈录》后录卷六）

三十　祝尚书《宋人别集叙录》

李之仪（1048—1127），字端叔，自号姑溪居士，沧州无棣（今山东无棣）人。元丰进士，官终朝散大夫。能文，尤工尺牍。所著文集，《挥尘后录》卷六谓有"六十卷"，其本久已失传。后世所传为《前集》五十卷、《后集》二十卷本。《前集》五十卷，乃吴芾于道丁亥（三年，一一六七）守当途时命戴翚编订，并刻于州学。吴氏有序，称"间得之邦人，类而聚之，命郡士戴翚订正。釐为五十卷，镂板于学"云云。《后集》二十卷，不详何人所编，然陈氏《解题》已著录，至迟亦当出南宋人手。《解题》卷一七曰："《姑溪集》五十卷、《后集》二十卷，朝请大夫赵郡李之仪端叔撰。尝从东坡辟中山幕府，后代范忠宣作《遗表》，为世传诵。然坐是得罪，编置当途，遂居焉。"

《通考》卷二三七、《宋志》著录同。

明《文渊阁书目》卷九著录"李端叔《姑溪集》一部十册，全"；《内阁书目》卷三同，曰"凡五十卷"，殆是宋本，而唯有《前集》。《绿竹堂书目》卷三著录"十册"。《淡生堂藏书目》卷一三《续收》有"李端叔《姑溪集》十册，五十卷"，亦只有《前集》，且不详为何版本。唯毛氏所藏为全，《汲古阁珍藏秘本书目》载"《姑溪居士文集》五十卷、《后集》二十卷，十四本，旧钞"。《绛云楼书目》卷三著录"《姑溪集》六册"，陈注："六十卷，又《后集》二十卷。""六十"或"五十"之误，或即《挥尘后录》所叙之本，莫可详。

宋本久佚（日本静嘉堂文库藏有影写宋刊本，陆心源尝有跋，述之甚略，原本未见，不详其出于何本）。元、明两代似未覆刊，是集今以明钞为古。北京图书馆藏有明吴氏丛书堂残钞本，原为傅增湘所藏，其《藏园群书经眼录》卷二记之曰："《姑溪居士文集》五十卷、《后集》二十卷，宋李之仪撰，存九至六、二十至二十五、三十、三十一、三十七至四十，凡十七卷，又《后集》十六至二十，凡五卷。明吴匏庵家写本，棉纸墨格，十行二十字，版心有'丛书堂'三字。吴氏原钞得十六卷，余则后人补钞也。余以新刻本校过，改正不少，洵堪珍秘，惜其残缺，仅存少半耳。全书七十卷，估人乃挖去卷数别填，以充全书，可恨复可笑也"。

除明残钞本外，上海图书馆藏有明黄汝亨钞本，有杨守敬跋。

清钞本今存尚多，国内著录全本、残帙近二十部，如北京图书馆藏宝玉斋钞本、上海图书馆藏徐氏傅是楼钞本、南京图书馆藏研经楼钞本等，皆迭经名家收藏。《四库全书》著录汪如藻家藏本，当亦为傅钞本。

光绪乙亥（元年，一八七五），南海伍氏将《姑溪》前、后集刊入《粤雅堂丛书》三编第三十集，伍绍棠跋称所用底本是"在厂肆所购，缮写讹谬，几不可读。爰细加校勘，授之梓人，其太脱误者则姑缺之，以俟他日增补"。《丛书集成初编》据粤雅堂丛书本排印。宣统三年（一九一一），金陵督粮道有刻本，即傅氏《经眼录》所谓"新刻本"。

《全宋文》、《全宋诗》分别以上述钞本、刻本相校，各本文字尚无大差池，而异文讹字，则皆在所难免。

北京图书馆曾藏有《止斋先生集》十三卷，乃钞姑溪《后集》之伪书，兹附及之。按傅氏《藏园群书经眼录》卷一三著录该本，曰："题北宋人双溪冯敬静修撰，有甲戌秋八月望后三日临川王本中序。全集皆诗，惟卷首赋一篇，末卷词五首。……余颇疑此北宋人集而古今目录皆不载，殊不可解。嗣遍取各集检视，乃知为《姑溪居士后集》之十三卷，贾人作伪以欺人，而前辈皆不之察，可为笑叹。"

参考文献：吴芾《姑溪居士前集序》（影印文渊阁《四库全书》本《姑溪居士前集》卷首），伍绍棠《姑溪居士集跋》（粤雅堂丛书三编本卷末。）

参考文献

李健：《比兴思维研究：对中国古代一种艺术思维方式的美学考察》，安徽教育出版社 2003 年版。

程千帆、莫砺锋、张宏生等：《被开拓的诗世界》，上海古籍出版社 1990 年版。

周裕锴：《禅宗与中国诗歌》，上海人民出版社 1992 年版。

赵以武：《唱和诗研究》，甘肃文化出版社 1997 年版。

张晶：《禅与唐宋诗学》，人民文学出版社 2003 年版。

（宋）杨万里撰：《诚斋诗话》，历代诗话续编本。

（宋）吴可撰：《藏海诗话》，历代诗话续编本。

（宋）严羽撰：《沧浪诗话》，历代诗话本。

俞平伯：《读词偶得　清真词释》，人民文学出版社 2000 年版。

（清）周济、谭献、冯煦撰：《介存斋论词杂着　复堂词话　蒿庵论词》，人民文学出版社 1959 年版。

伍晓蔓：《江西宗派研究》，巴蜀书社 2005 年版。

程千帆、巩本栋编：《俭腹抄》，上海文艺出版社 1998 年版。

（宋）黄庭坚撰，刘琳、李勇先、王蓉贵校点：《黄庭坚全集》，四川大学出版社 2001 年版。

阎琦：《韩诗论稿》，陕西人民出版社 1984 年版。

诸葛忆兵：《徽宗词坛研究》，北京出版社 2001 年版。

丛书集成初编：《姑溪居士全集》，中华书局 1985 年版。

顾随：《顾随全集》，部分内容顾随讲，据叶嘉莹笔记，顾之京整理，河北教育出版社 2001 年版。

《国际宋代文化研讨会论文集》，四川大学出版社 1991 年版。

李长之：《李长之批评文集》，珠海出版社 1998 年版。

（宋）刘辰翁撰，段大林校点：《刘辰翁集》，江西人民出版社 1987 年版。

（清）何文焕辑：《历代诗话》，中华书局 1982 年版。

吴调公：《李商隐研究》，上海古籍出版社 1982 年版。

（宋）惠洪撰：《冷斋夜话》，四库全书本。

（清）赵翼撰，胡主佑、霍松林校点：《瓯北诗话》，人民文学出版社 1987 年版。

（宋）欧阳修撰：《欧阳文忠公文集》，四库丛刊初编本。

（宋）邵浩编：《坡门酬唱集》，四库全书本。

魏家川：《审美之维与诗性智慧：中国古代审美诗学阐释》，首都师范大学出版社 2000 年版。

北京大学古文献研究所：《全宋诗》，北京大学出版社 1995 年版。

张国风编：《清华学者论文学：〈新生报〉副刊〈语言与文学〉选粹》，清华大学出版社 2001 年版。

王国维著，李科林校注：《人间词话　人间词》，安徽人民出版社 2002 年版。

曾枣庄、舒大纲主编：《三苏全书》，语文出版社 2001 年版。

周裕锴：《宋代诗学通论》，巴蜀书社 1997 年版。

（清）徐松缉：《宋会要辑稿》，中华书局 1987 年版。

影印文渊阁《四库全书》本，台湾商务印书馆 1986 年版。

（清）永瑢等：《四库全书总目》，中华书局 1997 年版。

金铮：《宋词综论》，巴蜀书社 2001 年版。

李元洛：《诗学漫笔》，花城出版社 1983 年版。

王洪：《苏轼诗歌研究》，朝华出版社 1993 年版。

艾青：《诗论》，新文艺出版社 1953 年版。

胡仔撰：《苕溪渔隐丛话》，人民文学出版社 1962 年版。

钱锺书选注：《宋诗选注》，人民文学出版社 1979 年版。

苏轼撰：《苏轼文集》，中华书局 1986 年版。

魏庆之撰：《诗人玉屑》，上海古籍出版社 1978 年版。

缪钺：《诗词散论》，上海古籍出版社 1982 年版。

（南朝）刘义庆撰，张艳云校点：《世说新语》，辽宁教育出版社 1997 年版。

（元）脱脱等撰：《宋史》，中华书局 1977 年版。

吴文治主编：《宋诗话全编》，江苏古籍出版社 1998 年版。

王水照等编：《首届宋代文学国际研讨会论文集》，复旦大学出版社 2001 年版。

（宋）苏轼撰，王文浩辑注，孔凡礼校点：《苏轼诗集》，中华书局 1982 年版。

王水照等编：《首届宋代文学国际研讨会论文集》，上海复旦大学出版社 2001 年版。

张中行：《诗词读写丛话》，中华书局 2006 年版。

周振甫：《诗词例话》，中国青年出版社 1979 年版。

金启华等编：《唐宋词集序跋汇编》，江苏教育出版社 1990 年版。

陈如江：《唐宋五十名家词论》，华东师范大学出版社 1992 年版。

钱钟书：《谈艺录》补订重排本，生活·读书·新知三联书店 2001 年版。

查屏球：《唐学与唐诗》，商务印书馆 2000 年版。

周振甫、冀勤编：《谈艺录读本》，上海教育出版社 1992 年版。

查屏球：《唐学与唐诗：中晚唐诗风的一种文化考察》，商务印书馆 2000 年版。

钱鸿瑛、乔力、程郁缀：《唐宋词：本体意识的高扬与深化》，广西师范大学出版社 2000 年版。

王力：《王力词律学》，山西古籍出版社 2003 年版。

（元）无名氏：《武王伐纣平话》，豫章书社 1981 年版。

王直方撰：《王直方诗话》，宋诗话辑佚本。

成复旺：《文境与哲理》，中华书局 2002 年版。

闻一多、乔志航编：《闻一多学术文化随笔》，中国青年出版社 2001 年版。

徐铉撰：《徐骑省集》，四库全书本。

魏耕原：《谢朓诗论》，中国社会科学出版社 2004 年版。

（清）叶燮、薛雪、沈德潜撰，霍松林、杜维沫校注：《原诗 一瓢诗话 说诗晬语》，人民文学出版社 2005 年版。

（清）刘熙载：《艺概·诗概》，上海古籍出版社 1978 年版。

葛立方撰：《韵语阳秋》，上海古籍出版社 1984 年根据上海图书馆馆藏刻本影印。

叶嘉莹：《迦陵论诗丛稿》，河北教育出版社 1997 年版。

黄裳撰：《演山集》，四库全书本 1990 年版。

（宋）邵雍撰：《伊川击壤集》，四库丛刊本。

（宋）陈振孙撰：《直斋书录解题》，上海古籍出版社 1987 年版。

郭绍虞主编：《中国历代文论选》，上海古籍出版社 1980 年版。

刘勰撰，黄叔琳注，李详补注，杨明照校注拾遗：《增订〈文心雕龙〉校注》，中华书局 2000 年版。

（宋）周紫芝撰：《竹坡诗话》，《历代诗话》上册，中华书局排印本。

朱自清：《朱自清古典文学论文集》，上海古籍出版社 1981 年版。

周紫芝撰：《竹坡诗话》，历代诗话本。

周裕锴：《中国禅宗与诗歌》，上海人民出版社 1992 年版。

朱光潜：《朱光潜美学文集》，上海文艺出版社 1982 年版。

方东树撰：《昭昧詹言》，人民文学出版社 1961 年版。

尚定：《走向盛唐》，中国社会科学出版社 1994 年版。

王岳川：《中国艺术精神》，高等教育出版社 2004 年版。

后　记

李之仪是北宋时期的一个文人，他的词作《卜算子》（"君住长江头"）广为后人传颂，但关于他为何人、生平如何、文学成就怎样，这诸多情况并不为一般人所了解。如果讲究缘分，我真的是和李之仪研究有缘了，从硕士做论文开始，直到走上工作岗位，常常不能放下他，这次以著书的方式做一个结束，我终于可以将他放下了，情不自禁长舒一口气，但是我知道，在今后的研究工作中我还会遇到与李之仪有关的资料，会为现在研究的不足而感到遗憾。

在搜集资料和研究过程中，我深深感到社会生活的方方面面乃是一张蛛丝密集的大网，李之仪有众多的社会关系，而关系之外更有许多关系，无论是官场、人情，还是政治、文化，越是研究越觉得自己学术浅薄。聊可安慰自己的是江河湖海是由许多小溪流会聚而成的，我在自己的这条小溪流中倾注了心血。

本书在写作过程中获得了不少师友的关心和帮助，谨此向他们表示诚挚的感谢。

衷心感谢本书的责任编辑陈肖静女士，她为本书的出版付出了辛勤的劳动。

韩华

2012 年 10 月 1 日